Leben Joh. Eleonora Petersen,
von ihr selbst mit eigener Hand aufgesetzet

Edition Pietismustexte (EPT)

Die „Edition Pietismustexte" wird im Auftrag der Historischen Kommission zur Erforschung des Pietismus herausgegeben von Markus Matthias, Ruth Albrecht, Wolfgang Breul, Thomas Hahn-Bruckart, Joachim Jacob, Hans-Jürgen Schrader, Xenia von Tippelskirch und Christof Windhorst.

Band 19

Johanna Eleonora Petersen

Leben Joh. Eleonora Petersen, von ihr selbst mit eigener Hand aufgesetzet

Herausgegeben von Prisca Guglielmetti

EVANGELISCHE VERLAGSANSTALT
Leipzig

Redaktorin des Bandes:
Ruth Albrecht

Die Deutsche Nationalbibliothek verzeichnet diese Publikation in der Deutschen Nationalbibliographie; detaillierte bibliographische Daten sind im Internet über http://dnb.de abrufbar.

2., veränderte Auflage (Kleine Texte des Pietismus 8)

Printed in Germany

Das Buch wurde auf alterungsbeständigem Papier gedruckt.

Bei Fragen zur Produktsicherheit wenden Sie sich bitte an info@eva-leipzig.de.

Cover: Friedrich Lux, Halle/Saale
Coverbild: Fr. Johanna Eleonora Petersen, Herzog August Bibliothek Wolfenbüttel
Satz: Steffi Glauche, Leipzig
Druck und Binden: BELTZ Grafische Betriebe GmbH, Bad Langensalza

ISBN 978-3-374-07955-1 // eISBN (PDF) 978-3-374-07956-8
www.eva-leipzig.de

Inhalt

Leben FRAUEN Joh. Eleonora Petersen/Gebohrnen von und zu Merlau, H[er]rn D[octoris] Jo[hanni] WILH[ELMI] Petersen[1] Eheliebsten; Von Ihr selbst mit eigener Hand aufgesetzet, und vieler erbaulichen Merckwürdigkeiten wegen zum Druck übergeben, daher es als ein Zweyter Theil Zu Ihres Ehe=Herrn Lebens=Beschreibung beygefüget werden kan.[2] ANNO MDCCXVIII. Auf Kosten guter Freunde.

Eine kurtze Erzehlung, Wie mich die leitende Hand GOttes bißher geführet, und was sie bey meiner Seelen gethan hat.[3]

§. 1. DAmit du, geliebter Leser, wissen mögest, wie wunderbahr mich der Höchste von Jugend auf geführet, und durch so mancherley Gelegenheit zu sich gezogen,[4] als habe meinen Lebens=Lauff nur mit kurt-

---

1 Johann Wilhelm Petersen (1641–1727), radikal-pietistischer Theologe und Schriftsteller, seit 1680 mit Johanna Eleonora von und zu Merlau verheiratet, vgl. *Markus Matthias*: Johann Wilhelm und Johanna Eleonora Petersen. Eine Biographie bis zur Amtsenthebung Petersens im Jahre 1692, Göttingen 1993 (AGP, 30).

2 Das Leben *JO. WILHELMI PETERSEN*, Der heil. Schrifft *Doctoris* [...] Als Zeugnis der Wahrheit Christi und seines Reiches und seiner grossen *Oeconomie* in der Wiederbringung aller Dinge. [...], [o. O.] 1717 (^{2}1719). Johann Wilhelm Petersens Lebensbeschreibung steht in der Tradition der Gelehrtenautobiographie.

3 Titel des ersten autobiographischen Berichts der Autorin, der als Anhang zu ihrem zweiteiligen Meditations- und Erbauungsbuch *Gespräche des Hertzens mit GOTT* 1689 erstmals veröffentlicht wurde und Teil der erweiterten Fassung ihrer Lebensbeschreibung von 1718 und 1719 ist (s. Editorische Notiz; vgl. auch *Ruth Albrecht*: Johanna Eleonora Petersen. Theologische Schriftstellerin des frühen Pietismus, Göttingen 2005 [AGP, 45], bes., S. 222–226 u. 339–353.). Hier als einleitender Satz mit Anklang an Ps 4,4, 48,15 u. 71,17 und topischer Bescheidenheitsbezeugung. Ihr zugrunde liegt die pietistische Vorstellung von der passiven Seele und Gott als der agierenden Instanz.

4 Vgl. Jer 31,3; Joh 6,44, 12,32. Im pietistischen Wortgebrauch geläufige

zem[5] hiebey fügen wollen;[6] zumahl ich, nach meines Heylandes Exempel,[7] viele und mancherley Lästerungen und Lügen[8] über mich habe müssen ergehen lassen, da es viele befremdet, daß ich bey so jungen Jahren nicht mehr mit ihnen lauffen wollen, in das wüste Leben,[9] und haben gelästert: Da theils sagten, ich müste eine grosse Sünde begangen haben, die ich auf solche Weise büssen wolte; Andere, ich würde von Sinnen kommen, ja der Teuffel gäbe mirs ein, es wäre vom Teuffel mein Vornehmen, es würde kein gut thun, es würde einen üblen Ausgang nehmen, und was dergleichen Reden mehr waren. Und als ich mich um solcher

---

Formulierung, die auf der Vorstellung beruht, dass Gott selbst durch den Heiligen Geist, d.h. durch sein Wort (vgl. Joh 6,63) am Menschen handelt; vgl. *August Langen*: Der Wortschatz des deutschen Pietismus, 2., ergänzte Aufl., Tübingen 1968, S. 45.

5 Kurz abgefasst, in kurzer Form.

6 Der Textbeginn ist so gebaut, dass er die in der klassischen Rhetorik vorgegebenen Aufgaben eines Redeanfangs (*prooemium*) aufs Beste erfüllt: Mit dem den Text eröffnenden finalen Nebensatz entsteht eine syntaktische Spannung, die die Aufmerksamkeit der Leser weckt (*attentum parare*). Der anschließende indirekte Fragesatz sowie der nachgestellte mit dem Korrelat „als" beginnende Hauptsatz lenken das Interesse auf die im Text behandelten Inhalte (*docilem parare*), während die eingeschobene direkte freundliche Leseranrede auf das Wohlwollen des Lesepublikums abzielt (*captatio benevolentiae*); vgl. *Clemens Ottmers*: Rhetorik, 2., aktualisierte und erweiterte Aufl., überarbeitet von Fabian Klotz, Stuttgart – Weimar 2007, S. 54f.

7 Vgl. Mt 10,38; Lk 14,27; Phil 1,29; 1Petr 2,21. Einzig verbindliches Vorbild für Pietisten ist Jesus, dessen Lebens- und insbesondere Leidensweg es in der eigenen Lebensführung nachzuahmen gilt. Die *Imitatio Christi* ermöglicht es der Verfasserin, kritische Reaktionen seitens ihrer Umgebung auf ihre religiöse Haltung und daraus resultierende Konflikte als erforderliche Leidenserfahrungen wahrzunehmen und sinnstiftend in die eigene Vita zu integrieren, ohne dabei eigenes Verhalten hinterfragen zu müssen.

8 Stabreimende Zwillingsformel nach biblischer Vorgabe (vgl. Lk 22,65), wodurch die Identifikation mit dem verspotteten Jesus nahegelegt wird. Im biblischen Sprachgebrauch umschreiben die Ausdrücke ‚Lästerung' bzw. ‚lästern' eine der schweren Sünden, nämlich die „Lästerung wider den Heiligen Geist" (Mt 12,31) bzw. die „Lästerung gegen Gott", wie sie das apokalyptische Tier ausstößt (Apk 13,1–6).

9 Vgl. 1Petr 4,4.

und dergleichen mancherley Lästerungen willen nicht abwenden liesse,[10] sondern den Weg der Wahrheit zu erwehlen, und darinnen zu wandeln suchte,[11] da giengen andere Lästerungen an, ich wäre irrig im Glauben; Bald beschuldigten sie mich dieser, bald einer andern Kätzerey, davon ich nie etwas gesehen noch gehöret hatte, welches mir denn anfangs sehr fremde vorkam, weil ich in aller Einfalt[12] wandelte nach heiliger Schrifft, und nach den Worten, worzu die Lehrer auf der Cantzel antrieben, daß man also wandeln solte, und nun ich solches suchte werckstellig zu machen, wurde ich verlästert, da ich doch, als ich die Worte davon redete, und mir solche gefallen ließ, vor[13] Christlich und tugendsam gerühmet wurde an vielen Orten. Als ich aber eine Thäterin solcher Worte[14] (nach meinem geringen Maaß) suchte zu werden, da wurde ich von Stund an gelästert, und mancherley Irrthums beschuldiget, also, dass ich mich drüber entsetzte, und mit meinem GOtt mich auf solche Weise zu besprechen, mit nachfolgenden Seuffzen[15] gedrungen wurde: *Mein*

---

10 Hier: von Jesus wegführen ließe.

11 Anklang an Joh 14,6; 2Petr 2,2; 3Joh 3f.

12 Die Begriffe ‚Einfalt' und ‚einfältig' sind biblisch geprägte, im pietistischen Sprachgebrauch geläufige Termini mit eindeutig positiver Bedeutung (vgl. Apg 2,47; 2Kor 1,12, 11,3; Eph 6,5), oft auch in Verbindung mit ‚göttlicher Einfalt' (vgl. Phil 2,6) zur Umschreibung der anzustrebenden geistigen Haltung; vgl. *Langen* (wie Anm. 4), S. 362f.

13 Für.

14 Vgl. Mt 7,24.26 und Jak 1,22. Der von der Verfasserin in biblischem Wortlaut geäußerte Wunsch nach einem tätigen Christentum, das die Lehre des Evangeliums und die konkrete eigene Lebensführung in Einklang bringt, lässt sich als ein Echo auf Speners erstmals 1675 erschienene Reformschrift *Pia Desideria* verstehen; vgl. *Philipp Jacob Spener*: Pia Desideria (1676), hg. von Kurt Aland, 2., durchgesehene Auflage, Berlin 1955, bes. S. 8f., 52, 60f.

15 ‚Seufzen' ist eine im Pietismus geläufige, auf biblischer Grundlage beruhende Bezeichnung, um den Sprachgestus im Gebet zu Gott zu beschreiben (vgl. Ps 38,10, 79,11, 102,6.21; Röm 8,26) und bereits in der barocken Andachtsliteratur verbreitet, z. B. in Hermann Hugos *Pia Desideria*, de-

GOtt, du siehest mein Hertz,[16] *daß ich nichts anders suche,*[17] *als das zu thun, was ich zuvor gehöret aus deinem Worte, und durch die Predigt des Wortes, und dazu hast du mich angetrieben, da du mir in Heil[iger] Schrifft offenbahret, daß ein Hörer deiner Worte, ohne That, einem thörichten Manne gleich sey, und daß nicht die, so da HErr, HErr, sagen, ins Himmelreich kommen werden, sondern die deinen Willen thun: Nun ich aber mein Hertz dazu gewendet, und deinen Geist mich treiben lassen, zu thun, was dir wohl gefället, so befremdet es nicht allein die Gottlosen, sondern auch die, so solche Worte im Munde führen, deren Thäterin ich gerne seyn wolte. Ach mein GOtt! thue mir doch kund, worinnen ich meinem Nechsten anstößig bin, du siehest ja, daß ich nicht Neuigkeit suche,*[18] *sondern allein die Nachfolge deines geliebten Sohnes, den du mir zum Vorbild gegeben, daß ich nachfolgen soll seinen Fußstapffen.*[19] *Warum befremdets denn die, so dein Wort lesen, und wissen, da ich nichts anders suche, als nur wie in deinem Wort gesaget, und ausgeboten ist, ja ein Kenn=Zeichen ist, daß wir dich lieben, so wir deine Gebote haben und*

---

ren dritter Teil in der deutschen Übersetzung mit „Seufftzen der Liebenden Seelen“ überschrieben ist; s. *Hermann Hugo S. J.*: Gottsälige[s] Verlangen [übersetzt und] herausgegeben [...] von Wencel Scherffern von Scherffernstein [...] Jn Verlegung des Ubersetzers [Brieg] 1662.

16 Gebethafte Gottesansprache; so auch im gleichen Absatz: *„Ach mein GOtt!“* und *„was ist es denn mein GOtt?“*, wodurch die biblisch geprägte Vorstellung von Gott als dem *speculator cordis* zum Tragen kommt (vgl. 1Sam 16,7; 1Kön 8,39; Apg 15,8; Röm 8,27). Die eingefügte Gebetsrede dient der Vermittlung von Glaubwürdigkeit; vgl. auch *Günter Butzer*: Das meditative Selbstgespräch im Pietismus. Johanna Eleonora Petersens *Gespräche des Hertzens mit GOTT*, in: Daphnis 35 3/4, 2006, S. 589–614, bes. 605f., 612–614.

17 Vgl. Ps 27,8, 119,2.10.45.

18 Dass ich mich nicht durch ungebräuchliche Frömmigkeitspraxis oder Lehrinhalte wichtig zu machen versuche. Möglicherweise Anspielung auf Apg 17,18–21.

19 Anklang an 1Petr 2,21; vgl. Mt 4,19, 19,21.

halten,[20] *was ist es denn mein GOtt?* Dergleichen Rede habe ich so lange vor meinem GOTT geführet, biß mir aus seinem Worte offenbahr wurde, daß es also seyn muste, und daß nicht die schönen Worte der Gottseligkeit die Menschen befremdet, sondern je und je die That und die Krafft der Worte[21] verlästert und verfolget haben: Darauf gab ich mich zufrieden, und lernete mich freuen, daß ich würdig wäre, um seines heiligen Namens willen geschmähet zu werden,[22] da ich fast täglich eine neue Schmach empfand, aber auch neue Krafft und Gnade im Worte und in Erkänntniß alle des Guten, so wir in Christo JEsu haben, und also muste ich in der That erfahren, daß es eine heilige Wahrheit sey, was Paulus saget: *Alle, die gottselig leben wollen in Christo JEsu, die müssen Verfolgung leiden.*[23]

§. 2. Wie viel aber solche heilige Leitung des HErrn, der seine Kinder durch die Anfechtung bewähret,[24] Nutzen schaffet,[25] das erfähret man nicht ehe, biß man

20 Vgl. 1Joh 2,3–5.

21 Vgl. 1Kor 4,20.

22 Vgl. 1Petr 4,14 und Lk 18,32 (Dritte Leidensankündigung Jesu).

23 2Tim 3,12.

24 Vgl. Jdt 8,19 und Jak 1,12. Das Buch Judith ist nicht in der hebräischen Überlieferung des Alten Testaments enthalten, aber ein Teil der *Septuaginta* und der sog. Apokryphen der Lutherbibel. Das Durchleben von Anfechtungen gilt als Teil des Bekehrungsprozesses wie er beispielgebend in den autobiographischen Berichten im 1. Teil der Reitzschen *Historie der Wiedergebohrnen* beschrieben ist; vgl. *Johann Henrich Reitz*: Historie der Wiedergebohrnen. Vollständige Ausgabe der Erstdrucke aller sieben Teile der pietistischen Sammelbiographie, 1698–1745, 4 Bde., hg. von Hans-Jürgen Schrader, Tübingen (Deutsche Neudrucke. Reihe Barock. Bd. 29/1–4), Bd. 1, Teil I (1698), S. 1–180.

25 ‚Nutzen' ist in lutherisch-orthodoxer Bedeutung als *usus theologicus* zu verstehen, d. h. als Gebrauch des Gesetzes zur Selbstprüfung. Die Introspektion erfolgt dabei in Anbetracht des Gesetzes und soll zur Einsicht in die eigene Beschränktheit und Sündhaftigkeit führen, vgl. TRE 13,

sich unter die Vaters=Hand niederbeuget, und die Züchtigung erduldet,[26] dem gehet die Erkänntniß des Creutzes[27] auf, daß man siehet, wie heilsam solches sey, und wie die Lästerung derer Menschen uns eine Ursache sey zur genauen Untersuchung, wie man sich vor GOtt findet,[28] ob man auch was an sich habe, so man noch nicht erkennet, oder ob man auch vormahls so bald was arges von dem Nechsten geglaubet, oder dem Lästerer Raum gegeben,[29] die Lästerungen zu glauben, oder weiter nachzusagen, was man gehöret, und ihm Beyfall gegeben, und gedacht, es müste doch etwas dran seyn. Solche und dergleichen Unreinigkeit werden in solcherley Leyden ausgefeget,[30] und werden behutsam gemacht[31] gegen alles, was uns vorfället.

Berlin – New York 1984, S. 84f. u. 100f. ‚Nutzen' ist zudem ein Schlüsselbegriff der Aufklärung und des Pietismus. Er gründet auf dem Ausspielen von Theorie gegen Praxis und beinhaltet eine tendenzielle Aufwertung praktischer Aspekte, oft als Gegenbegriff zu ‚Eitelkeit' (*vanitas*) verwendet; vgl. Lexikon der Aufklärung, hg. von Werner Schneiders, München 1995, S. 291f.

26 Vgl. Hebr. 12,6–11 und Apk 3,19.

27 Der Begriff ‚Erkenntnis' wird in der Zeit der Aufklärung und des Pietismus zunehmend theoretisch erschlossen; vgl. Lexikon der Aufklärung, (wie Anm. 25), S. 104–106. Im Pietismus wird Erkenntnis in erster Linie in Hinblick auf das Göttliche und dessen Manifestation in der Heiligen Schrift sowie im eigenen Erfahrungsbereich angestrebt. Gegründet auf der Vorstellung des im Herzen der Gläubigen wohnenden Heilandes geht Erkenntnis mit wiederholter gründlicher Selbsterforschung und -beobachtung einher. Befördert wird sie gemäß pietistischer Auffassung vor allem durch intensive Auseinandersetzung mit dem Bibelwort, letztlich erreicht aber nur durch das Einwirken göttlicher Gnade.

28 Die Erforschung des eigenen Seelenzustandes gilt als zu durchlaufende Etappe auf dem Weg zur geistlichen Bekehrung; vgl. *Reitz*: Historie der Wiedergebohrnen (wie Anm. 24), Bd. 1, Teil I (1698), S. 1–180.

29 Anklang an Eph 4,27.

30 In der Druckfassung von 1718 liegt mit „Leuten" statt „Leyden" ein Druckfehler vor. Er wurde mit Blick auf die *Kurtze Erzehlung* berichtigt. Durch die Verwendung des in der Bibel mehrfach belegbaren Terminus ‚Unreinigkeit' und des Verbs ‚ausfegen' (vgl. Ez 20,38 und 1Kor 5,7) verschränkt die Verfasserin ihre Ausdrucksweise mit biblischer Sprache.

31 Aufmerksam gemacht.

§. 3. Dieses habe ich, als einen Eingang meines Lebens= Lauffs[32] setzen wollen, damit der Christliche Leser sich nicht irren möge, wenn er in diesem meinem Tractätlein wahrnimmt, daß ich von so vieler Unreinigkeit rede, und darüber geklaget, ob wären die Lästerungen der lügenhafften Welt wahr, und hätten solche Dinge mich darzu getrieben, die Welt und ihre Gleichstellung zu verlassen.[33] Dem bezeuge ich aber vor dem Angesichte GOttes,[34] daß es des HErrn Krafft und sein allmächtiges Wort gewesen, so mich von der vergänglichen Lust abgezogen,[35] der mich von groben Sünden, so die Welt straffen kan, bewahret, und niemand auf dieser Erden seyn wird, der mir mit Wahrheit ein einiges[36] Stück von allen Lästerungen, so gegen mich ausgesprenget,[37] nachsagen kan,[38] sondern ein jeder wird gestehen müssen, daß es anderer Leute Wind und Worte sind,[39] die er gehöret, und ohne Fug[40] geglaubet. Hingegen aber kan ich in Demuth meines Hertzens[41] versichert seyn, daß noch viele hin und

---

32 Anders als in den Ausgaben von 1689 und 1694 steht in der Druckfassung von 1718 nur „meines Lebens".

33 Leitmotivisch verwendete Anleihe an Röm 12,2. Der Terminus ‚Welt' bezeichnet das Irdisch-Vergängliche als Gegenpol zum göttlichen Bereich und wird im Pietismus durchweg negativ bewertet, insbes. mit Berufung auf Röm 12,2 und 1Joh 2,15f. Mit ‚Gleichstellung der Welt' ist gemeint, sich auf Kosten der Zuwendung zu Gott mit der Welt gemein zu machen und keinen Abstand zu ihr zu wahren.

34 Wahrheitsbezeugung durch Anrufung Gottes als Zeugen, vgl. auch 2Kor 1,23.

35 Vgl. 2Petr 1,4; 1Joh 2,17.

36 Einziges.

37 Verbreitet.

38 Unschuldsbezeugung und Selbstrechtfertigung als Reaktion auf Vorwürfe und Verleumdungen seitens ihrer Umgebung, wie sie insbesondere in den Paragraphen 26 und 27 zur Sprache kommen, werden hier vorweggenommen.

39 Stabreimende Zwillingsformel, *flatus vocis*: leeres Gerede.

40 Recht.

41 Mit „in Demuth meines Hertzens" bedient sich die Verfasserin einer im pietistischen Sprachgebrauch beliebten attributiven Wortverbindung,

wieder[42] im Leben sind, die mein Leben und Wandel von Jugend auf gesehen, und die Gnade GOttes an mir gepriesen haben.[43] Was ich aber in meinem Büchlein[44] gesetzet, das zielet auf gantz andere Dinge, und redet von dem verdorbenen Grunde des Hertzens,[45] den man einsehen muß, so man Christum JEsum und sein heiliges Verdienst und die grosse Erlösung von unsern Sünden recht erkennen will. Denn wie will der, so den Zustand, darinnen der Mensch durch den Fall Adams gerathen, nicht weiß, den Heyland erkennen? Oder, wie kan er die Nothwendigkeit der theuren Erlösung glauben, wo er nicht die Noth gefühlet, darinnen wir gesteckt, ein jeglicher nach dem Maaß,[46] als er Theil an CHristo hat, oder als er nöthig hat zu seiner Selbst=Erkänntniß, und zur wahren Hertzens=Demuth, die aus der Selbst=Erkänntniß entstehet und gegründet wird.[47] Ich dancke meinem GOtt, daß er

---

bei der eine innere Instanz als aus einem Ganzen herausgelöst erscheint und durch Metaphorisierung Eigenständigkeit erhält. Auch als Kompositum „Herzens=Demuth“ vorkommend wird damit die gebeugte Haltung der Gläubigen vor Gott ausgedrückt; vgl. *Langen*: Wortschatz (wie Anm. 4), S. 210f. Vgl. auch Mt 11,29; Apg 20,19; Eph 4,1f.; 1Petr 5,5.

42 Hier und da.

43 Wahrheitsbezeugung durch Hinweise auf noch lebende Zeitzeugen, die ihren frommen Lebenswandel bestätigen können, vgl. 2Thess 1,12.

44 *Gespräche des Hertzens* (1689) bzw. *Hertzens=Gespräch* (1694).

45 Die im pietistischen Sprachgebrauch geläufige Formulierung ‚der verdorbene Grund des Herzens‘ (vgl. *Langen*: Wortschatz [wie Anm. 4], S. 162f.) basiert auf der Vorstellung der Erbsünde und natürlichen Schlechtigkeit des Menschen und kennzeichnet den Seelenzustand vor der inneren Umkehr.

46 Vgl. Röm 12,3.

47 Der Terminus ‚Selbsterkenntnis‘ bezeichnet im Pietismus das zentrale, aus intensiver Introspektion und rigoroser Selbstprüfung resultierende Moment. Es zu erlangen, gilt als Voraussetzung zur Bekehrung, vorgegeben schon in Johann Arndts Erbauungsbuch *Vier Bücher vom wahren Christentum* (1606–1609, seit 1610 als Gesamtausgabe), dem am weitestverbreiteten protestantischen Erbauungsbuch. Zum Zusammenhang von Demut, Selbsterkenntnis und Erkenntnis Gottes vgl. *Johann Arndt*: Vier Bücher vom wahren Christentum (1610), Bd. 2, kritisch herausge-

seine Gnade einen kleinen Augenblick vor mir verborgen,[48] und mir mein Unvermögen zu allem Guten, und das verderbte Wesen des menschlichen Hertzens einsehen lassen, daß ich mit Warheit erkennete, daß alles Gnade sey, was wir gutes gedencken, reden und thun, und daß keine Sünde so groß, darein wir nicht fallen könten, wo wir aus der Gnade weichen.[49] Weswegen ich durch die Gnade GOttes mir deswegen nichts eingebildet, oder mich vor besser geachtet als andere, die in grobe Sünde gefallen, sondern habe es allein der Gnade GOttes gedancket, daß sie mich bewahret, und habe erkannt, daß manchem sein Fall zum besten gedeyen könne, den verderbten Grund zu erkennen, da hingegen die Schein=Frommen[50] in solcher Einbildung stehen, daß sie gar gerecht und gut wären, da sie doch von ihrem Unflath noch nicht gewaschen,[51] und vergeblich aufgeblasen seyn in ihrem fleischlichen Sinn,[52]

---

geben und kommentiert von Johann Anselm Steiger, Hildesheim – Zürich 2021, S. 185: „Durch Demut wird auch ein Mensch im Erkenntnis Gottes gestercket / in der Hoffnung. Dann wann ein Mensch anschawet sein eigen Vnwissenheit / Blindheit vnd Thorheit in Gottes sachen / so dancket er Gott für die Offenbarung seiner Worte / vnd nimpts desto mehr zu Hertzen. Vnd wann er betrachtet / dass all sein vermügen vnnd Krafft nichts ist / so wird er in der Hoffnung gestercket / daß er dieselbe allein auff Gott setzet.“ Zur Bedeutung von Arndts Erbauungsbuch für den Pietismus s. *Thomas Illg*: Pietismus und Johann Arndt, in: Pietismus Handbuch, hg. von Wolfgang Breul in Zusammenarbeit mit Thomas Hahn-Bruckart, Tübingen 2021, S. 55–64, bes. 62–64.

48 Die momentane Abkehr Gottes von der gläubigen Seele (vgl. Jes 54,8), wodurch die eigene Sündhaftigkeit eingesehen werden soll, gilt als festumrissene und zu durchlebende Etappe auf dem zur Heilsgewissheit führenden Weg der Bekehrung; vgl. *Reitz*: Historie der Wiedergebohrnen (wie Anm. 24), Bd. 1, Teil I (1698).

49 Zur Betonung, dass alles der Gnade Gottes zuzuschreiben ist, vgl. insbes. die Verse Röm 3,24 und 11,6, auf denen Luthers Rechtfertigungslehre gründet.

50 Auf biblischer Vorstellung beruhende Bezeichnung für die Personen, von denen sich die Verfasserin deutlich distanziert, vgl. 2Tim 3,2–5.

51 Anklang an Jes. 4,4; ‚Unflat‘: Exkremente, Schmutz.

52 Vgl. Kol 2,18.

welches ich darum sage, daß man nicht meyne, ich wüste mich groß damit, daß ich mich vor solchen Sünden durch GOTTes Gnade bewahret, sondern von gantzem Hertzen alles der Gnade GOttes zugeschrieben, und erkennet, daß der verdorbene Grund auch in mir liege, da allerley unreine Lust aufsteigen kan, und so man sie empfangen lässet, die Sünde müste gebohren werden, daß man ja nicht Ursache habe, stoltz zu seyn,[53] sondern nach den Worten Pauli mit Furcht und Zittern seine Seligkeit schaffen müste.[54]

§. 4. Die Furcht des HErrn hat mich bewahret, und seine Güte und Treue hat mich geleitet, welcher allein sey Lob, Ehr und Preiß:[55] Zu dem Ende[56] ich auch dieses schreibe, daß du, geliebter Leser,[57] seine mannigfältige Weißheit erkennest,[58] wie er auf allerley Weise die Menschen zu sich ziehe, einige von zarter Kindheit, einige aber im mehrern Alter,[59] u. s. f. Was mich belanget, so habe ich den Trieb seines guten Geistes von zarter Kindheit auf empfunden, aber aus Unwissenheit[60] demselben guten Geist offt wiederstrebet,[61] und

53 Und wenn man sie [die „unreine Lust"] zulässt/in sich aufnimmt, müsste die Sünde hervorgebracht/sichtbar gemacht werden, sodass man sicher keinen Grund hat, „stolz zu sein". Vgl. Röm 11,20.25.

54 Vgl. Phil 2,12.

55 Kein wörtliches Bibelzitat, aber Anklang an Sir 1,16–18; Ps 85,10f., 40,12, 57,4; Spr 14,22.

56 Zu diesem Zweck.

57 Die direkte, freundliche Leseranrede dient als kommunikative und appellative Figur dazu, das Wohlwollen und die Aufmerksamkeit des Lesepublikums zu erlangen (vgl. *Ottmers*: Rhetorik [wie Anm. 6], S. 189, 55 u. 61f.) und ist in der barocken Schreibtradition geläufig.

58 Vgl. Eph 3,10.

59 Im fortgeschrittenen Alter.

60 Im Pietismus verbreitete Vorstellung, wonach sich der Mensch im Zustand der Unwissenheit befindet, bevor er den Weg der spirituellen Umkehr antritt. Zu Fehlverhalten aus Unwissenheit vgl. Apg 3,17, 17,30; Eph 4,17f.; 1Petr 1,14f.

61 Vgl. Apg 7,51.

ihm in mancherley Gleichstellung der Welt, durch den Welt=förmigen Adelstand,[62] grosse Hinderungen gemacht, biß der Verstand herbeykommen, da das heilsame Wort[63] seine kräfftige Überzeugung in mir gewürcket.[64] Denn als ich ohngefähr von 4. Jahren war, traff sichs zu, daß meine liebe Eltern, welche eine Zeitlang in Franckfurt gewohnet, wegen Kriegs=Unruh,[65] wieder aufs Land gezogen, weil es überall Friede ward,[66] und also schon vieles wieder aufs Land bringen lassen, auch die selige Mutter[67] mit meinen beyden Schwestern[68] und mir, auf einem Gut, Phelipseck bey Hettersheim genannt,[69] war, und sich nichts übels be-

---

62 Dem Weltadel setzten die Pietisten den Seelenadel entgegen, wodurch sich Standesgrenzen überwinden ließen und – wie im Fall der Verfasserin – eine Eheschließung zwischen einer adeligen Frau und einem Mann bürgerlichen Standes, vorzugsweise einem in Amt und Würde stehenden Theologen, ermöglicht wurde. Vgl. *Matthias*: Petersen (wie Anm. 1), S. 124f. Anm. 40. *Hans Schneider*: Der radikale Pietismus im 17. Jahrhundert, in: GdP, Bd. 1, Göttingen 1993, S. 391–437, hier 397f.; *Ulrike Gleixner*: Einklang oder Dissonanz. Adel und Pietismus in geschlechtergeschichtlicher Perspektive, in: Pietismus und Adel. Genderhistorische Analysen, hg. von Ruth Albrecht, Ulrike Gleixner, Corinna Kirschstein u. a., Halle 2018 (HaFo, 49), S. 3–22. Wiederholte Hinweise der Verfasserin auf ihre Heirat unter ihrem Stand lassen jedoch den Schluss zu, dass eine solche Verbindung einer Rechtfertigung bedurfte.

63 Biblisch geprägte Umschreibung für das Wort des Evangeliums, vgl. 1Tim 6,3.

64 Für den pietistischen Sprachgebrauch bezeichnende, an biblische Vorlagen anklingende Formulierung, um die Wirksamkeit des Bibelwortes im eigenen Leben zu beschreiben, vgl. z. B. Hebr 4,12.

65 Gemeint ist der Dreißigjährige Krieg (1618–1648).

66 Der Dreißigjährige Krieg endete 1648 mit dem Westfälischen Frieden.

67 Maria Sabina von und zu Merlau geb. Ganß von Utzberg, gestorben um 1653, vgl. *Matthias*: Petersen (wie Anm. 1), S. 80. Das Adjektiv ‚selig' bezieht sich auf verstorbene Personen.

68 Johanna Eleonora kam als zweites Kind ihrer Eltern zur Welt; ihre ältere Schwester, Philippina, wurde um 1641 geboren, ihre nächstjüngere Schwester, Christina Sibylle Maria Philippina, um 1648, vgl. *Matthias*: Petersen (wie Anm. 1), S. 80f.

69 Der Rittersitz Philippseck war über die Mutter der Verfasserin in den Familienbesitz der von und zu Merlau gelangt, vgl. *Matthias*: Petersen (wie Anm. 1), S. 80f. Heddernheim, nordwestlich von Frankfurt a. M. gelegen, ist seit 1910 ein Stadtteil von Frankfurt.

fahrete,[70] da kam das Dienst=Volk, und berichtete, wie ein gantzer Trouppen Reuter kämen,[71] da dann ein jegliches geschwind das Seinige auf die Seite brachte, und die Sel[ige] Mutter[72] mit drey kleinen Kindern allein beysammen liessen, da die älteste sieben, ich vier Jahr, und die dritte an der Brust war; als nahm die selige Mutter die Jüngste an die Brust, und uns beyden an der Hand, und gieng ohne Magd nacher[73] Franckfurt, welches eine grosse halbe Meile[74] von der Stadt war; es war aber im Sommer, da die Frucht auf dem Felde stund, da konte man den Schall der Soldaten hören, welche auf einem andern Weg, etwa einen Pistolen=Schuß gegen uns über *marchi*reten, da wurde der Sel. Mutter sehr bange, und vermahnete uns zum Gebet. Als wir aber zu dem äussern Schlag[75] kamen, da wir in Sicherheit waren, setzte sich die selige Mutter mit uns nieder, und vermahnete, dem höchsten GOTT zu dancken, daß er uns behütet. Da sprach meine älteste Schwester, so drey Jahr älter war, als ich: Warum sollen wir nun GOtt dancken, nun können sie ja nicht mehr zu uns kommen? Da habe ich in meinem Hertzen eine rechte Empfindung[76] über diese Rede gehabt, daß michs recht geschmertzet, daß sie GOtt nicht dancken wolte, oder meynete, daß es nun nicht nöthig wäre; das bestraffete[77] ich an ihr mit brünstiger Liebe gegen

---

70 Nichts Schlimmes befürchtete.

71 Zeitgenössische Schreibweise für ‚Trupp' und ‚Reiter'. Hinweis auf die Nachwirren des Dreißigjährigen Krieges, die im Raum Frankfurt bis 1650 anhielten; vgl. *Albrecht*: Petersen (wie Anm. 3), S. 39.

72 Die inzwischen verstorbene Mutter.

73 Nach.

74 Ungefähr 4 km; die alte sog. deutsche geographische Meile entspricht 7,5 km.

75 Acker, abgemessenes Stück Kulturland.

76 Aus der Mystik übernommene, im pietistischen Sprachgebrauch geläufige Formulierung für eine profunde Gotteserfahrung; vgl. *Langen*: Wortschatz (wie Anm. 4), S. 252.

77 Tadelte.

GOTT, dem ich von Hertzen danckete. Item[78] als ich beredet wurde,[79] daß die Bademutter[80] die Kinder aus dem Himmel holete, habe ich grosses Verlangen gehabt, mit der Bademutter zu reden, und habe ihr anbefohlen, den HErrn JEsum hertzlich zu grüssen, und habe so viel von ihr begehret zu wissen, ob der liebste Heyland mich auch lieb hätte, welches ich mit sehr inbrünstiger Liebe empfunden; das waren also die ersten Kinder=Bewegungen, so ich mich gar eigentlich erinnern kan.

§. 5. Als ich aber in das sechste Jahr war, und meine selige Mutter abermahl im Kind=Bette lag,[81] wurde ich gewahr, daß die selige Mutter sehr weinete. Da forschete ich an der ältesten Schwester, was die Ursache ihres Weinens wäre, antwortete sie mir: eine bekannte adeliche Jungfer wäre eine Hure worden. Da wuste ich zwar gantz nicht, was eine Hure war, aber ich gedachte doch bey mir, daß es sehr böse seyn müste, weil die Sel. Mutter so weinete, und gieng allein beyseits, fiel auf meine Knie, und betete mit Thränen zu GOTT,[82] er solte mich doch bewahren, daß ich keine Hure würde. Dieses einfältige Kinder=Gebet hat der treue GOtt also gnädiglich erhöret, daß er mich nicht allein vor Gelegenheit behütet, sondern auch ein solches Hertz gegeben, daß ich einen Greuel an unkeuschen Reden und Geberden gehabt, und in keiner Ge-

78 Aus dem Lateinischen übernommenes Adverb zur Satzverbindung. Hier: Auch.

79 Jemanden überreden, jemandem etwas weismachen.

80 Hebamme.

81 Um 1650, als die jüngste Schwester Charlotte Auguste Philippina geboren wurde; vgl. *Matthias*: Petersen (wie Anm. 1), S. 81.

82 Das Sich-Zurückziehen zum Gebet (in Anlehnung an Mt 6,6 und nach dem Vorbild Jesu, vgl. Mt 14,23) sowie die tränenreiche Gottesanrufung, auf die die Verfasserin in ihrem Text wiederholt hinweist, sind wesentliche Merkmale pietistischen Betens; vgl. den Gebetskampf Jesu im Garten Gethsemane Mt 26,39; Mk 14,32–42; Lk 22,44.

sellschafft geblieben, wo es nicht keusch und ehrbar zugegangen.[83] (Nichts destoweniger hat der Läster=Teuffel seine Lügen durch seine Werckzeuge gegen mich ausgeschäumet,[84] meiner Schwester Töchterchen, so ich bey mir gehabt, wäre mein Huren=Kind, welche doch meiner Schwester itzt zweytes Kind ist,[85] und zu Praunheim, so eine Stunde von Franckfurt lieget,[86] gebohren, und getaufft von dem *Pastore* Joh[annes] Harffen, welcher noch im Leben.[87] Ich aber bin damahls viertzig Meilen davon gewest, am Hof,[88] und erst nach neun Jahren nach ihrer Geburt nacher Hause gekommen. Ihr Vater ist einer von Praunheim, und ihre Mutter ist meine mittelste Schwester; also, daß der Teuffel sich nicht schämet, grobe offenbahre Lügen zu reden, die nicht werth sind, daß ein Kind GOttes seinen Mund drob aufthue, weil ein jeglicher, so die Wahrheit liebet, gar leicht dazu kommen kan, zu erfahren, daß solche

---

83 Der Hinweis auf das von Kindheit an gehegte Bedürfnis nach keuscher und ehrbarer Lebensführung erscheint hier als vorweggenommenes Argument, mit dem sich die Verfasserin gegen die Verdächtigung verwahrt, ihre Nichte und Patentochter, die mit ihr zuerst in Frankfurt und später in Eutin lebte, sei ihr uneheliches Kind, vgl. §5 und 32.

84 Es ist für pietistisches Selbstverständnis bezeichnend, dass Anfeindungen seitens der Umgebung als Attacken des Teufels verstanden werden; unliebsame Zeitgenossen erscheinen dabei als Werkzeuge des Bösen.

85 Anna Elisabeth Eleonora Magdalena von Praunheim, geboren um 1668, war die Patentochter der Verfasserin und lebte seit ihrem achten Lebensjahr in deren Obhut, vgl. §25 und 27. Sie war die Tochter von Johanna Eleonoras Schwester Christina Sibylle Maria Philippina, die 1665 Johann Heinrich von Praunheim geheiratet hatte, vgl. *Matthias*: Petersen (wie Anm. 1), S. 81.

86 Praunheim gehört heute zu Frankfurt a. M.

87 Johannes Harpf (1617–16.2.1688), seit 1650 Pfarrer in Praunheim.

88 Die Verfasserin befand sich zur erwähnten Zeit auf der ungefähr 300 km von Frankfurt entfernten Wiesenburg bei Zwickau am Hof des Herzogs Philipp Ludwig von Holstein-Sonderburg-Wiesenburg (1620–1689) im Dienst von dessen Gemahlin, ihrer Taufpatin Anna Margaretha, Herzogin von Holstein-Sonderburg-Wiesenburg geb. von Hessen-Homburg (1629–1686). Als Hof- und später als Kammerjungfer verbrachte Johanna Eleonora über 14 Jahre, von ca. 1659 bis Anfang 1675, im Dienst der Herzogin.

Lästerungen Lügen sind, zumahl allezeit Leute sich finden werden, die an solche Oerter kommen, dadurch man die Wahrheit der Sache erfahren kan.

§. 6. Als ich nun in das neunte Jahr gieng, wurden wir Mutter=lose Wäysen, und gienge uns nicht zum besten, indem der Vater sich fünff Meilen von unserm Guth ab,[89] zu Hofe aufhielt, und eine Schulmeisters=Wittwe bey uns Kindern ins Hauß nahm, welche ihre eigene Kinder im Flecken hatte, und denen zuwandte, was uns gebühret hätte, uns aber mangeln ließ, daß wir offt gerne nahmen, was andere nicht mochten. Auch geschahe es durch Practiquen,[90] daß sie offte bey Abend=Zeiten uns im Hause alleine liesse, da sich gewisse Leute in weissen Hemdern gekleidet hatten, und ihre Gesichter mit Honig geschmieret, und Mehl darinnen gestreuet hatten, mit Lichtern im Hause herum giengen, Kisten und Kasten aufbrachen, und daraus nahmen, was sie wolten; Darüber wir solche Furcht bekamen, daß wir uns zusammen hinter den Ofen setzten, und vor Angst schwitzeten. Solches geschahe so lange, biß das Hauß sehr ledig[91] wurde. Weil aber der Vater sehr hart gegen uns war, hatten wir nicht das Hertz, etwas zu klagen, sondern waren nur froh, wenn er wieder fortgereiset war, und litten solches so lang, biß einsmahl der von Praunheim, so nunmehr meine Schwester hat,[92] uns besuchete, welcher damahls noch sehr jung war, dem klagten wir unsere Noth, welcher sich vornahm, im Hause verborgen zu

89 Der aus altem hessischem Adel stammende Vater, Georg Adolph von und zu Merlau (geb. vermutl. 1614, gest. 1681), stand als Hofmeister im Dienst des Landgrafen Wilhelm Christoph von Hessen-Homburg (1625–1681); vgl. *Matthias*: Petersen (wie Anm. 1), S. 81.

90 Hier: undurchsichtige Geschäfte.

91 Leer.

92 Der inzwischen mit meiner Schwester verheiratet ist.

bleiben biß an den Abend, zu sehen, ob dieses Gespenst wiederkommen wolte; Als es nun kam, gleich nach den Schranck gienge, aufzubrechen, und heraus nehmen wolte, da sprang er hervor, und wurde gewahr, daß es Leute aus den Flecken waren, eines Wagners Söhne, so mit der Wittwe, welche bey uns seyn solte, gute Be-kanntschafft hatten; Aber weil er alleine war, sprangen sie davon, und woltens nicht an sich kommen lassen,[93] daß sie es gewest wären, doch kam das Gespenst nicht wieder, und bekamen auch vieles, so sie auf den Boden über der Küche geschleppet, wieder.

§. 7. Diese schaffete der Seel[ige] Vater ab, und wurde ihm eines Capitains Frau vorgeschlagen, welche in der Haußhaltung und andern Geschicklichkeiten be-rühmt war; da meynete der Seel. Vater, uns Kinder gar wohl versorget zu haben; aber es war eine un-christliche Frau, die ihre Soldaten=Stücke[94] noch nicht vergessen hatte. Denn als sie einsmahls eine Menge Calecutischer Hüner[95] sahe, ließ sie dieselbe ins Hauß treiben, grieff das Beste, und die andern ließ sie wieder fortjagen. Zu diesen ihren gestohlenen Braten wolte sie trocken Holtz haben, schickete mich, um solches zu erlangen, auf einen hohen Thurm, so von 5. Stock-werck hoch, und viereckicht gebauet, da war unter dem Boden ein Tauben=Hauß gebauet gewesen, wo dürre Bretter, theils loß, und theils noch an einigen Orten fest sassen, von solchen Brettern solte ich ihr holen, und als ich einige herunter geworffen, und noch eines, so an einem Orte noch fest war, abziehen wolte,

93 Zugeben.

94 Ruchlose Handlungen.

95 Truthühner. Vermutlich so benannt, weil die ursprünglich aus Amerika stammenden Tiere auf einem über Kalkutta fahrenden Schiff nach Europa gelangt waren; vgl. DWB, München 1984, Bd. 11, Sp. 62.

schlug ich zurück, und fiel 2. Stockwerck hoch hinab, und kam bey einer Treppen zu liegen, daß, so ich mich umgekehret,[96] ich noch 2. Stockwerck hoch gefallen wäre; ich lag aber etwa eine halbe Stunde in Ohnmacht, und wuste von mir selbst nichts, biß ich wieder zu mir selbst kam, da wuste ich Anfangs nicht, wie ich dahin gekommen, stunde auf, und fühlete, daß ich sehr matt war, gieng die Steig hinunter, und legte mich in das Bette, so in einem Gemach desselben Thurms stunde, auf welchem der Seel. Vater pflegte zu schlaffen, wenn er zu Hause war, und schlieff etliche Stunden, hernach stunde ich auf, und war frisch und gesund.[97] Es war aber in währender Zeit[98] keine Nachfrage nach mir geschehen, sondern als ich sagete, daß ich gefallen wäre, bekam ich Schelt=Worte, warum ich mich nicht vorgesehen; Ich gieng aber auf die Seite, und wollte nichts von den gestohlenen Braten essen, es war mir eine rechte Schmach, und hatte doch nicht das Hertze etwas zu sagen.

§. 8. Als ich nun zehen Jahr alt war, und in das eilffte gieng, wurde meine seel. Schwester, so drey Jahr älter war, zum Pastorn geschickt, daß sie solte unterrichtet werden des Heil. Abendmahls:[99] Da bekam ich solchen Trieb, und wolte gerne mitgehen, der Seel. Vater aber wolte mich nicht dazu lassen, weil ich nur kürtzlich erst zehn Jahr alt worden, ich aber hielte so lange an, biß der Seel. Vater so weit verwilligte, wenn der Herr

96 Wenn ich mich umgedreht hätte.

97 Zwillingsformel nach biblischem Wortlaut, vgl. Hi 21,23; Tob 5,28, 14,15; Sir 30,14.

98 Während dieser Zeit.

99 Ein wichtiger Teil der Ausbildung, der Mädchen in der frühen Neuzeit im außerfamiliären Rahmen zuteil wurde, war die religiöse Unterweisung im Hinblick auf die Zulassung zum Abendmahl; vgl. *Albrecht*: Petersen (wie Anm. 3), S. 40.

Pastor mich würde tüchtig dazu erkennen, welcher mich vorkriegte, und nicht allein nach den Worten, sondern nach dem Verstande der Worte fragete,[100] gab mir GOtt solche Gnade zu antworten,[101] daß ich mit Vergnügung[102] des Herrn Pastorn zugelassen wurde. Es dachte der Teuffel aber damahls mir einen Tück[103] zu beweisen, indem eine nahe Anverwandtin, von denen die mitgiengen, mich beschuldigte gegen die andern Kinder, ich hätte gesagt, wenn ich den gesegneten Kelch bekäme, so wolte ich tapffer draus trincken, (welches in solchen Sinn gesaget wurde, als beliebte ich den Wein) welches mir aber nicht in meinen Sinn, vielweniger in meinen Mund kommen war. Über solche Rede wurde ich inniglich betrübt, und als es vor den Herrn Pastorn kam, meynete er erst, daß meine kindische Jahre mir solche Rede ausgetrieben, als er aber von mir hörete, daß ichs mit grosser Wehmuth verneinete,[104] und die *Devotion*[105] bezeigete, so ich gegen den gesegneten Kelch, (welcher die Gemeinschafft Christi

100 Der lutherische Katechismus besteht aus einer Abfolge von Fragen des Katecheten und Antworten des Schülers, die in der Regel auswendig vorgesagt werden mussten. Ausschließlich mechanisches Aufsagen von Auswendiggelerntem wurde im Pietismus aber abgelehnt; vgl. Speners Vorrede zur 1677 in Frankfurt erstmals erschienenen Katechismus-Erklärung: „Aber der ich achte / daß dergleichen Schrifften ins gesamt mehr zu behuff deß verstands / als beschwerde der *memori* gebraucht werden sollen / und ich immerdar eher verlange [...] daß sie die *materi* verstehen / und nachmahl auß eigenem verstand / mit eigenen worten sich erklären mögen / als daß auch die allerbest=abgefaßten Formulen bloß dahin außwendig gelernet würden." *Philip Jacob Spener*: Einfältige Erklärung Der Christlichen Lehr / Nach der Ordnung deß kleinen Catechismi deß theuren Manns GOttes Lutheri [...]. Frankfurt 1677, Nachdruck: *Philipp Jakob Spener*, Schriften. Bd. 2.1, hg. von Erich Beyreuter, Hildesheim – New York 1982, S. b2r-b4v, hier [b]3r.

101 Im Pietismus geläufige topische Bescheidenheitsbezeugung.

102 Einverständnis, Gefallen.

103 Stoß, Schlag.

104 Zum missbräuchlichen Genuss des Abendmahls vgl. 1Kor 11,27.29.

105 Andacht, Frömmigkeit.

ist)[106] hatte, erkennete er meine Unschuld, und redete der Lügnerin, so es aus ihrem eigenen Gedancken auf mich gesagt, hart zu, und hat sie es auch gestanden, daß sie es nur so auf mich gedacht hätte.

§. 9. Etliche Zeit hernach kam meine Schwester nacher Stuckgard, bey des seel. Vaters Bruder,[107] und ich muste die Haußhaltung über mich nehmen, und von allen Rechnung thun, welches mir sehr schwehr war, weil der seel. Vater, so offt er nach Hause kam, mir sehr hart begegnete, und alles was zubrochen,[108] oder sonst nicht gleich recht nach seinem Sinn war, von mir foderte,[109] und offt unschuldig sehr hart straffte, darüber ich solche knechtische Furcht bekam, daß ich zusammen fuhr, wo ich nur eine Stimme hörete, so der Stimme meines Vaters ähnlich war. Darüber habe ich manchen Seufftzer zu meinem GOtt geschickt, aber wenn er wieder weg war, so war ich frölich und gutes Muths, sang und sprang,[110] und war sehr fröliches Geistes, hatte aber dabey einen rechten Eckel was unkeusch, auch nach kindischer Weise war, mochte auch nichts von den Spielen von Hochzeit, Kind=Tauffen und dergleichen zu thun haben, so schämete mich dafür.

§. 10. Als ich nun 12. Jahr alt war, wurde ich nach Hofe gethan, zu der Gräfin von Salms=Redelheim,[111] welche es in 6. Wochen bekommen, daß sie bißweilen

106 Vgl. 1Kor 10,16.

107 Die älteste Schwester der Verfasserin, Philippina, kam nach Stuttgart zu ihrem Onkel väterlicherseits, Albert Otto von und zu Merlau (1616–1679); vgl. *Matthias*: Petersen (wie Anm. 1), S. 70–81.

108 Zerbrochen.

109 Forderte. Im 18. Jahrhundert noch gleichberechtigte Nebenform zu ‚fordern'.

110 Vgl. Jdt 15,16.

111 Die junge Johanna Eleonora wurde an den Hof des Grafen Johann August von Solms-Rödelheim und Assenheim (1623–1680) in den Dienst

nicht recht bey Sinnen war; es war aber damahls noch ziemlich mit ihr. Als sie aber bald darauf nieder kam, und zwey Kinder, einen jungen Herrn und ein Fräulein zugleich bekam,[112] wurde es von Tag zu Tage schlechter, also daß sie mich öffter vor ihren Hund, welches ein kleines Löwigen[113] war, ansahe, und mit seinen Namen nannte und mich also schlug, auch geschahe es, daß wir offt auf dem Wasser fuhren, da bey Winters=Zeit zwischen Franckfurt und Redelheim[114] die Wiesen gantz mit Wasser belauffen, und das Wasser in die Gutschen[115] gieng, da fuhren die Gutschen ledig,[116] wir aber auf einen Kahn, biß zu Ende des Wassers, da wir denn erst einstiegen, da hat sie mich offt ins Wasser stürtzen wollen, ich solte schwimmen, aber der Höchste hat mich bewahret.[117] Endlich geschahe es einmahl, daß ich gewahr wurde, daß sie aus ihrem Schranck ein Messer mit einer Scheiden bey sich steckte, da sagte ich es der Kammer=Magd, welche schon etwas ältlich war, sie aber wolte mir kein Gehör geben, son-

---

seiner Gemahlin, der Gräfin Eleonore Barbara Marie von Solms-Rödelheim geborene Cratz von Scharffenstein (1629–1680), gegeben. Das Grafenpaar lebte im nordwestlich von Frankfurt gelegenen Rödelheim (heute der Stadt Frankfurt eingemeindet) auf einer Wasserburg, die sich seit 1569 im Besitz der Grafen von Solms befand. Gerade für Töchter aus verarmten Adelsfamilien war es üblich, dass sie im pubertären Alter zur Vervollständigung ihrer Erziehung an einen bessergestellten Adelshof gegeben wurden, wo sie in die höfische Gesellschaft eingeführt und als mögliche Heiratskandidatinnen sichtbar gemacht wurden; vgl. *Albrecht*: Petersen (wie Anm. 3), S. 41f. Im Fall von Johanna Eleonora war die Übersiedelung an den Hof des Grafen von Solms-Rödelheim zudem praktisch motiviert, denn infolge eines Streits um den Besitz von Philippseck musste für die merlauischen Töchter binnen kurzer Zeit eine neue Bleibe gefunden werden; vgl. *Matthias*: Petersen (wie Anm. 1), S. 82.

112 Gemeint sind die Zwillinge Johann Karl Eberhard (1657–1699) und Sophie Elisabeth (1657–1719).

113 Kleiner Hund mit löwenartiger Mähne.

114 Rödelheim.

115 Kutsche.

116 Leer.

117 Anklang an Ps 97,10.

dern sagte, die Gräfin hätte kein Messer, es wäre Kinderey mit mir. Es war aber aus der Gräfin Schlaff=Kammer eine Thür in unsere Kammer, und die Gräfin muste durch unsere Kammer und Stube in ihr Gemach gehen, auf der andern Seiten aber gieng eine Thür in des Grafen Gemach. Als es nun Nacht war, und man solte schlaffen gehen, wolte ich mich nicht niederlegen, weil mir die Messer im Sinn lagen; die Kammer=Magd aber zürnete mit mir, und drohete es dem Grafen zu sagen, daß ich mich so kindisch stellete, aber ich legte mich nur mit den Kleidern aufs Bette. In der Nacht aber hörete ich einen Tumult, da weckete ich sie alle auf, und stieg aus dem Bette, da höreten sie den Grafen aus der Kammer lauffen, und alsofort kam die Gräfin und hatte das Nacht=Licht und das blosse Messer in der Hand; als sie uns nun alle auf sahe, erschrack sie, und ließ das Messer fallen, da sprang ich zu, als wolte ich ihr das Messer langen,[118] lieff aber damit zur Thür hinaus, und im Tunckeln[119] die Treppe mit dem Messer hinab. Als ich aber auf der Treppen war, hörete ich den Grafen ruffen, wo ist meine Gemahlin? Dem antwortete ich, daß ich das Messer hätte, war aber so furchtsam, daß ich nicht wieder umzukehren getrauete, sondern gieng in einen Saal, welches der Riesen=Saal genannt ward, und sehr furchtsam ist,[120] da blieb ich. Die Kammer=Magd aber war aus Böhmen, und leibeigen von der Gräfin Frau Mutter,[121] die in Böhmen wohnete, die gieng weg, und kam nicht wieder; da war ich etliche Wochen gantz allein um die Gräfin, sie aus und an zu kleiden, und kam mir sehr hart an.

118 Reichen.
119 Im Dunkeln.
120 Furchterregend.
121 Eleonora Colonna von Völs, gest. 1669 in Prag.

§. 11. Es wurde aber der Seel. Vater von andern gewahr, daß ich in solcher Gefahr war, und nahm mich da weg. Hernach kam ich nach der Hertzogin von Hollstein,[122] etwa im 15ten Jahr, welche eine Land=Gräfin von Hessen, und hatte Hertzog Philipp Ludwig aus dem Suderburgischen Hauß,[123] welcher von der ersten Ehe eine Printzeßin hatte, so an den Grafen von Zintzendorff, dem Käyserl. Kammer=*Prœsiden*ten, verheyrathet wurde,[124] zu dieser Fürstlichen Braut wurde ich zur Hof=Jungfer angenommen, welche eine von Steinling[125] zur Kammer=Jungfer hatte, so schon bey 30. Jahren war.[126] Da ich aber da kam, wurde alsofort die Reise nacher Lintz[127] angetreten, allwo das Beylager seyn solte, da fuhren wir auf der Donau, und gienge sehr lustig zu, da die Paucken und Trompeten einen schönen Thon[128] auf dem Wasser gaben, und überall die gantze Reise sehr herrlich empfangen wurden, durch Anstalt derer, die gesand,[129] die Fürstl[iche] Braut zu holen. Es kam mir auf meine vorige Angst sehr fröhlich für,[130] und hatte nichts von Angst übrig, als daß ich offt dachte, wenns nur der Seelen nicht schaden möchte, weil ich an einen Papistischen Ort[131]

122 Anna Margaretha, Herzogin von Holstein-Sonderburg, geb. von Hessen-Homburg (1629–1686).

123 Philipp Ludwig von Holstein-Sonderburg (1620–1689).

124 Dorothea Elisabeth von Holstein-Sonderburg (1645–1725), die damals sechzehnjährige Tochter aus der ersten Ehe von Herzog Philipp Ludwig von Holstein-Sonderburg mit Katharina von Waldeck-Wildenburg (1612–1649), wurde am 20. November 1661 in Linz mit dem kaiserlichen Kammerpräsidenten Georg Ludwig Graf von Sinzendorff (1616–1680) getraut.

125 Fränkisches Adelsgeschlecht.

126 Die schon an die dreißig Jahre alt war.

127 Nach Linz.

128 Lied, Melodie.

129 Auf Veranlassung derer, die gesandt worden waren.

130 Vor.

131 An einen katholischen Ort. Die Reise führte ins katholische Erzherzogtum Österreich.

kam. So offte[132] wir nun in das Quartier kamen, suchte ich ein Gemach, da niemand war, fiel auf meine Knie, bate, GOtt möchte doch alles hindern, was mir an meiner Seeligkeit könte schädlich seyn.[133] Dieses Beyseitgehen merckte das Kammer=Mädgen der Braut, schliech mir einst nach, und wolte sehen, was ich doch alleine machte, da sie mich noch vor sehr kindisch ansahe, weil ich sehr schmahl war; als sie mich aber auf den Knien betend fand, gieng sie stille wieder zurück, daß ich nicht wuste, daß sie mich gesehen hatte. Aber als einmahls die Fürstl. Braut mich fragte: Ob ich auch betete? Antwortete sie, die mich also funden hatte,[134] es wäre keine Sorge vor mich zu haben. Da merckete ich, daß sie meiner im Gemach wahr genommen. Als wir nun nach Lintz kamen, war das Beylager auf dem Käyserl. Schloß, und gieng alles sehr prächtig zu. Des andern Tages muste die Fürstl. Braut in die Schloß=Capelle gehen, da ward ein Seegen über sie gesprochen, und ein güldner Becher gegeben voll Wein, das nennten sie den Johannis=Seegen,[135] daraus muste der Graf und sie trincken. Ich aber bate GOtt, er möchte mich doch vor dem Pabstthum bewahren. Da geschahe es, daß nach dem Beylager, als jedes wieder

132 Oft.

133 Der römische Katholizismus wurde im Pietismus vehement abgelehnt. Spener etwa spricht in seiner Schrift *Pia Desideria* von ihm als dem „Babylonischen gefängnuß deß Antichristlichen Roms“; vgl. *Spener*: Pia Desideria (wie Anm. 14), S. 10. Der Rückzug zum Gebet (vgl. Anm. 82) geht hier mit der Abkehr von gesellschaftlichen Verpflichtungen einher.

134 Gefunden hatte.

135 Seit dem Mittelalter belegter Brauch, ursprünglich ein Abschiedstrunk vor der Reise, vom 12. Jahrhundert an auch Segenstrunk für frisch vermählte Paare und ganz allgemein Schlusstrunk bei Hochzeiten; in katholischen Gebieten bis heute herrschender Brauch, wonach dem Brautpaar und den Hochzeitsgästen nach der kirchlichen Trauung geweihter Wein gereicht wird; vgl. HWDA, Bd. 4, hg. von Hans Bärchtold-Stäubli, Berlin – Leipzig 1931/1932, Sp. 745–760, hier 746, 748–750.

an seinen Orte ziehen solte, ein *Disputat*[136] meinetwegen unter der Herrschafft entstund, daß nemlich der Graf sagete: Er könte nicht mehr als die Kammer=Fräulein (wie man dort die Adeliche nennt) an seine Tafel nehmen, die andere müste mit der Hof=Meisterin speisen, welches der Hertzog nicht zugeben wolte,[137] sagende, daß die Hofmeisterin nur bürgerliches Standes wäre, also würde ich auch nur vor Bürger=Standes angesehen werden, da ich doch von einem alten Hause, und nicht geringer wäre, als die andere, da doch ein grosser Unterschied auf solch Weise gemacht würde zwischen uns, er könte es nicht verantworten, ich wäre seiner Gemahlin Tauff=Pate.[138]

§. 12. Als aber das nicht helffen wolte, ward beschlossen, daß ich wieder mit zurück gehen solte, und als mirs angesaget wurde, auch die Ursache, dauchte mirs[139] so gar wunderlich, daß um solcher Ursach ich wieder zurück solte; denn es war noch mein Wunsch, daß ich allein mit der Hofmeisterin speisen solte, lieber als über des Herrn Tafel.[140] Aber ich wuste nicht, daß es die Barmhertzigkeit GOttes also fügte, und mein armes Gebeth so gnädig erhöret worden, als ich hernachmahls wohl erkannt habe, indem nach Verfliessung einiger Jahre, alle Personen die mit kamen,

136 Streit, Auseinandersetzung.
137 Nicht akzeptieren wollte.
138 Patenkind, Patentochter.
139 Dünkte mich.
140 Die Verfasserin spielt die ihr verweigerte standesgemäße Behandlung und die damit einhergehende Demütigung herunter, indem sie sich rückblickend als junge Hofjungfer beschreibt, die aufgrund ihrer charakterlichen Disposition bereit war, auf Adelsprivilegien zu verzichten, ja gar danach strebte, die Standesgrenzen zu unterschreiten. Diese Bewertung der damaligen Situation kann als indirekte Vorausdeutung auf ihre später im Text beschriebene nicht standeskonforme Eheschließung gelesen werden sowie als Rechtfertigung dieser Verbindung.

sammt der Fürstin zur Päbstlichen Religion gefallen, da lernete ich die heiligen Wege GOttes[141] an mir Armen erkennen, und GOtt preisen.[142] Ich war aber damahls sehr betrübt, daß ich wieder zurück solte, und dachte, daß man meynen möchte, ich hätte mich nicht recht geschickt, auch war mir bange wieder unter die harte Zucht des seel. Vaters zu kommen.

§. 13. Als wir aber wieder nach Lißborg,[143] so dem Land=Grafen von Darmstadt zugehörete, und der Hertzog nur als einen Pfand=Schilling hat,[144] kamen, und hernach da wegzog in Sachsen, da er denn Wiesenburg von Chur=Sachsen überkam,[145] und da wohnet, welches zehn Meil[en]. von Leipzig, und 1. Meil von Zwickau lieget, da beliebte die Hertzogin, mich bey sich zu behalten; ich übete mich in allerley Geschicklichkeiten von allerley Arbeit, daß ich sehr beliebet wurde, auch in Tantzen vor andern den Preiß hatte, welches mir die Eitelkeit[146] lieb und angenehm machte, daß ich

141 Anklang an Ps 4,4 und Ps 77,14.

142 Pietistischer Denkweise entsprechend wertet die Verfasserin einstige schmerzhafte Erfahrungen in der Rückschau positiv um, indem sie sie als von Gott gewirkte Bewahrung vor Schaden und somit als Zeichen göttlicher Vorsehung interpretiert. Zugleich wird die zeitliche Distanz zur erinnerten Begebenheit ins Bewusstsein gerückt und damit ein von der Verfasserin durchlaufener spiritueller Reifungsprozess angedeutet.

143 Lißberg bei Büdingen in der östlichen Wetterau, Hessen.

144 Ersatzgeld, das zur Auslösung eines Pfandes aufgebracht werden muss. Die Burg Lißberg befand sich seit 1648 im Besitz der Landgrafen von Hessen-Darmstadt und wurde 1652 als Pfand an den Herzog Philipp Ludwig vergeben; vgl. *Albrecht*: Petersen (wie Anm. 3), S. 42.

145 Die Wiesenburg liegt ca. 11 km südlich von Zwickau am Rande des sächsischen Erzgebirges; Herzog Philipp Ludwig von Holstein-Sonderburg erwarb sie 1663 mit den umliegenden Ländereien und verlegte 1664 seinen Wohnsitz dorthin; vgl. *Albrecht*: Petersen (wie Anm. 3), S. 43.

146 Im Barock und Pietismus verbreiteter, biblisch geprägter Begriff zur Bezeichnung von Vergänglichkeit und Weltzugewandtheit, vgl. Pred 1,2, 4,7, 8,14. Hier dürfte auch die ebenfalls biblisch belegbare Bedeutung von Fall bzw. Rückfall ins Heidentum, also von Gottlosigkeit, mitschwingen, vgl. 2Kön 17,16; Hi 31,5.

zur Kleider=Pracht und dergleichen Eitelkeiten rechte Belieben hatte, weil mirs wohl anstunde, und von jederman gerühmet wurde, auch war niemand, der jemahls gesaget hätte, daß es nicht recht wäre, sondern lobeten solche Eitelkeiten an mir, und hielten mich vor gottselig,[147] weil ich gerne lase und betete, und in die Kirche gieng, und offt die Predigt in allen Puncten wieder erzehlen kunte;[148] ich wuste was das vorige Jahr über solchen Text war geprediget worden, da war es überall gut Ding, und ward von Geistlichen und Weltlichen vor eine gottselige Jungfrau gehalten, und ob ich gleich mit Liebe und Lust in der Gleichstellung der Welt, meinen Wandel führete, und in die wahre Nachfolge Christi noch nicht getreten war.

§. 14. Da fügte es die Barmhertzigkeit GOttes, daß ein Obrist=Lieut[enant] Sohn,[149] Bretewitz von Geschlecht[150] in mich verliebet wurde; und als durch seinen Vater an meine Herrschafft, und nachgehends an meinen seel. Vater Ansuchung gethan ward, da war es auf allen Seiten ja. Er solte ein Jahr hinaus ziehen als Cornet,[151]

147 Biblisch geprägter, im pietistischen Sprachgebrauch geläufiger Terminus zur Charakterisierung der von Pietisten angestrebten Lebensführung, vgl. Apg 10,1f.; 1Tim 6,6–9; Tit 2,11f.

148 Die Freude am Lesen in der Bibel und am Beten sowie der willige und aufmerksame Gottesdienstbesuch werden bereits in den frühen puritanischen Bekehrungsberichten regelmäßig als „Kennzeichen des Glaubens“ angeführt (vgl. *Reitz*: Historie der Wiedergebohrnen [wie Anm. 24]) und gelten auch im Pietismus als Ausdruck von Frömmigkeit. Der Umstand, dass die Verfasserin die positive Meinung der Umgebung zu ihrer Person nicht teilt (möglicherweise Anklang an Joh 5,41), zeugt von ihrer Ablehnung und Verachtung gängiger Frömmigkeitsvorstellungen ebenso wie von den enormen Ansprüchen, die sie als Pietistin an sich selbst stellt.

149 Stellvertretender Anführer einer Heeresabteilung.

150 Vermutlich ‚von Prittwitz‘: schlesisches Adelsgeschlecht.

151 Jüngster Offizier einer Eskadron; Anführer einer kleinen taktischen Einheit der Kavallerie.

und denn solte er des Vaters Compagnie haben, so im Lande still lag,[152] welcher unter dem Chur=Fürsten von Sachsen Obrister=Lieutnant war.[153] Da er nun hinaus kam in den Krieg, hörete ich offt von andern, daß sein Leben nicht in der Gottseligkeit, sondern nach der Welt war, da betrübte ich mich heimlich, und lag auf meinem Angesichte vor GOtt,[154] und flehete, daß entweder sein Gemüth, oder unser Verbündniß möchte geändert werden. Ich wuste aber nicht, daß der Höchste solches hatte geschehen lassen, daß ich vor andern Edel=Heyrathen behütet würde. Denn ich war damahls noch sehr jung,[155] und manche Heyrath vorfiel, die ich mit dieser alle zurück hielt, ohngeachtet, daß schon manche Veränderung auf seiner Seiten vorgangen, da er in Abwesen[156] sich bald hie bald da engagiret hatte.[157] Das währete etzliche[158] Jahr, in welchen ich viele heimliche Betrübnissen hatte, so die Freude der Welt sehr in mir dämpfften, daß ich zwar wohl mit machen muste, aber das Hertz war nicht dabey, wie zuvor, da mirs wohl gefiel, also gelobet zu werden, da die adelichen Frauen, so nach Hofe mit ihren Töchtern kamen, ihre Töchter anmahneten, auf meine Sitten Acht zu haben, und sie an sich zu nehmen, welches alles den alten Menschen wohl gefiel. Es geschach aber, daß in solchen Jahren eine zehnmahlige Veränderung geschahe mit dem von Bretewitz, daß er allemahl anders Sinnes worden, und seinen Sinn auf andere gestellt, und wenn

152 Eine Reservekompanie.
153 Johann Georg II., Kurfürst von Sachsen (1613–1680).
154 Ausdruck von demütiger Unterwerfung mit Anklang an Gen 17,3.
155 Die Verfasserin liefert keine präzisen Angaben zu ihrem Alter. Da die Verlobung in die Wiesenburger Zeit fällt, dürfte Johanna Eleonora damals ca. 19 Jahre alt gewesen sein.
156 In Abwesenheit.
157 Sich engagieren: sich binden.
158 Etliche.

solche nicht also befunden, kehret er wieder um, und schrieb von Beständigkeit, welches ich alles dem Höchsten anheim stellete, und mich näher suchte mit GOtt zu vereinigen.[159]

§. 15. Dabey wurde mir manche Erquickung in Heil. Schrifft mitgetheilet,[160] bald im Schlaffe durch göttliche Träume,[161] da ich mit solcher Krafft die Worte der Schrifft redete, und drob aufwachte, daß meine Gespielin, welche ein gottseliges Hertz hatte, offt sehr darüber betrübt wurde, daß sie dergleichen nicht empfieng; diese tröstete ich immer damit, daß sie mich vor ein solches Kind ansehen solte, welches von dem Vater mit Zucker gelocket würde,[162] sie aber wäre bewähret, und hätte solcher Lockungen nicht nöthig, welches mir auch von Hertzen gieng. Denn ich sahe wohl, daß die Welt mich an sich zog, um des freudigen Geistes, der in mir war. Mein GOtt aber zog mich durch seine Freudigkeit und Liebe zu sich, und schloß mir offt das Wort also auf,[163] daß sich mein Leib und

---

159 Umschreibung einer von der Verfasserin angestrebten Gotteserfahrung mit Elementen der Brautmystik.

160 Die biblisch geprägten Ausdrücke ‚Erquickung' und ‚erquicken' (vgl. Ps 119,50; Mt 11,28) gehören zum festen pietistischen Sprachschatz; vgl. *Langen*: Wortschatz (wie Anm. 4), S. 58.

161 Hinweis auf die im Pietismus verbreitete, auf biblischen Vorgaben gründende Vorstellung, wonach sich Gott im Traum offenbart, vgl. bes. Jo 3,1; vgl. auch *Ruth Albrecht*: Pietismus und Mystik. Verknüpfung von Bibellektüre und visionärem Erleben bei Johanna Eleonora Petersen, in: „Dir hat vor den Frauen nicht gegraut". Mystikerinnen und Theologinnen in der Christentumsgeschichte, hg. von Mariano Delgado und Volker Leppin, Freiburg/Schweiz – Stuttgart 2015 (Studien zur christlichen Religions- und Kulturgeschichte, 19), S. 196–216, bes. 211–214.

162 Ausdruck der im Pietismus wiederauflebenden mittelalterlichen brautmystischen Vorstellung eines um die Seele des Gläubigen werbenden Gottes, vgl. Hos 2,16. Die bereits im Barock verbreitete gustative Metaphorik lässt sich ebenfalls auf biblische Vorlagen zurückführen, vgl. z. B. Ps 119,103.

163 Dass Gott dem gläubigen Menschen sein Wort ‚aufschließt', ist Teil pie-

Seel drob erfreuten,[164] darinn ward ich immer mehr gestärcket.[165]

§. 16. Hernach kam die Person, so sich so offtmahls verändert, zu Hause, und sprach an unserm Hofe zu, dem mein geistlicher Zustand oder Gemüth nicht anstehen wolte, weil er meynete, es würde sich vor Soldaten=Frauens nicht schicken, so viel in der Bibel zu lesen. Er hätte gerne gesehen, daß ich ihn aufgesaget hätte,[166] weil sein Vater eine reiche Heyrath in Dreßden vor ihn wuste, wenn er mit Manier von mir abkommen könte, und wolte doch nicht gern den Namen haben, daß er untreu würde, hätte es so gerne auf mich geschoben. Aber ich bliebe still, und kehrete mich an nichts,[167] sondern vertrauete meinem himmlischen Vater,[168] der würde es wohl machen.[169] Als nun das alles nicht angehen wolte, und einer, genannt von Fresen,[170] merckete, daß es nur Falschheit mit ihm ware, und mich gern gewarnet hätte, meynende, daß ichs nicht

---

tistischer Terminologie und wird häufig in übertragener Bedeutung von ‚erkennen göttlicher Geheimnisse' gebraucht; vgl. *Langen*: Wortschatz (wie Anm. 4), S. 79f.

164 Anklang an Ps 84,3.

165 Vgl. Kol 1,10f.

166 Aufsagen: kündigen, lösen; hier: die Verlobung lösen.

167 Ausdruck quietistischer Lebenshaltung mit Anklang an Ps 37,7, 62,2; Jes 30,15 und Phil 4,6. Die betont passive Haltung bei der Darstellung der Eheentscheidung, wo der Verzicht auf Eigenwillen zugunsten des Sich-Fügens in den göttlichen Willen herausgestrichen wird, gilt, unabhängig vom Geschlecht des schreibenden Individuums, als Kennzeichen pietistischer Frömmigkeit; vgl. *Ulrike Gleixner*: Zwischen göttlicher und weltlicher Ordnung. Die Ehe im lutherischen Pietismus, in: PuN, 28, Göttingen 2002, S. 147–184, bes. 154–159.

168 Aus dem Matthäusevangelium übernommene Periphrase, die die Gotteskindschaft der Sprechenden zum Ausdruck bringt, vgl. Mt 6,14.26.32, 10.32, 15,13, 18,35 oder den Anfang des Vaterunsers in Mt 6,9 und Lk 11,2.

169 Vgl. Ps 37,5.

170 Vermutlich: von Friesen, sächsisch-lausitzisches Adelsgeschlecht.

merckte, daß gedachter von Bretewitz nicht aufrichtig wäre, schrieb derselbe einen Brief an mich, weil er keine Gelegenheit hatte mit mir zu reden, indem ich fast immer bey meiner Hertzogin im Gemache war. Diesen Brief bekam gedachter Bretewitz in Händen, und meynete grosse Ding daraus zu haben, und mich zu beschuldigen, daß ich gegen andere *Affection*[171] hätte, oder mit andern freyete.[172] Sein Vater, der damahls gegenwärtig war, dachte auch, daß es eine gute Sache vor sie wäre, und sie mit guter Manier die reiche Heyrath antreten könten, gieng zum Hertzog, und zeigt ihm den Brief vor, wie daß andere mit mir freyeten, und also sein Sohn keine Hoffnung von mir machen könte noch möchte, sondern sein Glück weiter suchen müste. Dieses verdroß zuerst den Hertzog, solches von mir zu hören, da ich bißhero so vieles mit ihrer Verwunderung[173] übersehen, und alle Gelegenheiten ausgeschlagen. Dasselbe wurde mir von einem guten Freund gesagt, daß dergleichen von mir vorgebracht würde, ich wuste aber nicht, was im Briefe war, und hatte derselben Person nicht gestattet, einmahl mit mir zu reden. Da gedachte ich bey mir selbst: Du wunderbarer GOtt,[174] du weist, daß so manche Untreu gegen mich verübet, und ich hab um des Gewissens willen mich stille gehalten, und alle Veränderung erduldet, und dir die Sache befohlen,[175] wie soll nun dieser Untreue, treu, und ich bey meiner Treu und Redlichkeit untreu gehalten weden? Das wolt mich sehr schmertzen; indem mein Gemüth so schamhafft war,

171 Zuneigung.
172 Sich um andere bemühte, andere umwarb.
173 Zu ihrer Verwunderung.
174 Wiedergabe von direkter Gottesanrede mit Anklang an Ps 96,4, 99,3; Sir 11,4.
175 Anklang an Ps 37,5.7.

daß die Herrschafft von mir ein solches gedencken solten. Als ich nun mit Thränen in mein Gemach gieng, fielen mir in meinen Hertzen die Worte bey;[176] Was ich jetzt thue, das weist du nicht, du wirst es aber hernach erfahren.[177] Darauf gab ich mich zufrieden, und dachte, der HErr wirds wohl machen,[178] ist doch deine Unschuld vor ihm offenbar, was sind Menschen, so dahin sterben wie das![179] als aber des andern Tages der Brief recht gelesen ward, da befand sichs, daß die Person beklagete, eine Gelegenheit zu haben, mit mir zu reden, und seine eheliche und aufrichtige Liebe zu offenbaren, da er wuste, wie falsch diese Person gegen mich wäre, die ich mich doch aufhalten liesse anderer Liebe anzunehmen. Da wurde erkannt, daß ich ja unschuldig wäre, und nichts Untreues vorgenommen hätte; da konten sie nicht fortkommen. Es fragten mich aber der Hertzog und Hertzogin, wie ich gesinnet wäre, es solte nun ausgemacht werden, da bate ich, man möchte ihn nicht dazu antreiben, mich zu nehmen, da ich genugsame Versicherung hätte, daß sie gerne eine Sache gegen mich hätten haben wollen; als sendete gedachter von Bretewitz zweene Cavaliers[180] an mich, zu hören, wie ich gegen ihn gesinnet? Ob ich noch einige Zeit seines Glücks erwarten wolte. Ich gab ihm aber damit seine Freyheit, meinetwegen sein Glück zu suchen, wo er wolte, denn[181] ich mich nicht länger gehalten fände, mein Gemüth zu solchem untreuen Hertzen zu

---

176 Die spontane Erinnerung an biblische Worte wird im Pietismus als direkte göttliche Einwirkung gedeutet.

177 Wörtliche Wiedergabe des Jesus-Wortes aus Joh 13,7.

178 Ps, 37,5.

179 Evokation des *Memento-mori*-Themas mit Anklang an Hi 14; Ps 8,5, 39,6, 82,7, 89,48 und 90,3, wobei die Verfasserin nicht auf ihre eigene Vergänglichkeit, sondern die ihrer Verleumder anspielt.

180 Ritter, Edelleute.

181 Da.

wenden, das mich gerne, wo es wäre müglich gewesen, aller Untreue beschuldiget hätte. Darauf geschahe ein falsch Compliment,[182] als obs ihm leid wäre, daß solcher Mißverstand wäre vorgegangen, aber dabey wäre es ausgemacht, daß er keinen Anspruch mehr an mich haben solte; die reiche Heyrath aber gieng nicht vor sich, ist auch darnach *contract*[183] worden.

§. 17. Ich aber kehrete mich an nichts mehr, sondern erkennete, daß durch solche Gelegenheit, GOtt meinem streitenden Gemüthe Freyheit gegeben, da ich immer sorgete,[184] ich möchte mich an ihn irren, oder möchte dieses und jenes nicht wahr seyn; Also wurde ich der Last loß, und war unterdessen so gestärckt, daß andere Heyrathen nicht mehr bey mir statt funden, sondern lage mir immer in Sinn, daß unter Edelleuten so grosser Mißbrauch wäre, so dem Christenthum gantz und gar zuwieder: Erstlich, daß sie zum Truncke mehr Gelegenheit und Force[185] haben, als andere Standes=Personen. Zweytens, daß sie gleich um jedes Unrecht und liederliches Wort Leib und Seel müssen in Gefahr setzen, wo sie nicht wollen beschimpffet seyn.[186] Solche Dinge gaben mir ein sehr tieffes Nachsinnen,[187] wo doch das sehr böse Ding unter dem Christenthum hätte können statt finden, daß man sich einbilden darff, ein Christ zu seyn, und doch gantz gegen die Lehre CHristi zu leben, und nicht einmahl ihnen an-

182 Höflichkeitsbezeugung.
183 Gelähmt.
184 Da ich immer besorgt war.
185 Drang.
186 Kritische Anspielung der Autorin auf das in adeligen Kreisen herrschende Duellwesen, bei dem Ehrenstreitigkeiten in Form eines geregelten Waffenzweikampfes ausgetragen wurden.
187 Machten mich sehr nachdenklich.

gesonnen wird, von solchen Vornehmen abzustehen, oder die Gemeinschafft Christi zu verlassen, das hat mir allen Muth benommen zu heyrathen. Denn ob ich gleich einige feine Gemüther gekannt, so einen Abscheu dran hatten, so lag mir doch in Sinn, daß die Nachkömmlinge doch in solche Gefahr gesetzet würden, und wendete also meine Gedancken von Heyrathen gantz ab, als lebete keine Manns=Person mehr in der Welt, die mir auf solche Weise angienge, denn anderes Standes, dachte ich, dürffte ich doch nicht nehmen, weil der Sel. Vater sehr auf sein alt Geschlechte sahe.

§. 18. Als sichs aber zutraff, daß nach einiger Zeit eine geistliche Person, so im vornehmen Ammte stund,[188] ein Belieben zu mir bekam, und einen fernen Weg reisete, um mich zu bewegen, hatte ich einen hefftigen Streit in meinem Gemüthe, indem gantz keine Gedancken zum Heyrathen in mir statt finden wolten. Da muste ich nach langem Streit mein Gemüth dem

188 Es handelt sich um den damals in Braubach tätigen Pfarrer und Metropolitan Johann Winckler (1642–1705), der von 1668 bis 1671 als Prinzeninformator im Dienst von Herzog Philipp Ludwig von Holstein-Sonderburg-Wiesenburg stand. Winckler war in erster Ehe mit Elisabeth Magdalena von Lindau verheiratet, die 1664 im Gefolge des Herzogs zusammen mit ihren Eltern und ihrer Schwester an den Wiesenburger Hof gekommen war. 1667 wurde sie vaterlose Waise. Bis zu ihrer Hochzeit im Sommer 1672 lebte sie auf Schloss Wiesenburg. Sie starb im Oktober 1673 bei der Geburt zugleich mit ihrem Kind. Wie bereits seine erste Frau dürfte Winckler auch die Verfasserin während seines Aufenthalts auf Schloss Wiesenburg kennengelernt haben. Die Werbung um Johanna Eleonora wurde sowohl von Johann Jakob Schütz (1640–1690) als auch von Philipp Jakob Spener (1635–1705) gefördert und fällt brieflichen Zeugnissen zufolge ins Jahr 1674; vgl. *Claudia Tietz*: Johann Winckler (1642–1705). Anfänge eines lutherischen Pietisten, Göttingen 2008 (AGP, 50), S. 68–77, 149–151, 155f.; *Andreas Deppermann*: Johann Jakob Schütz und die Anfänge des Pietismus, Tübingen 2002 (Beiträge zur historischen Theologie, 119), S. 113f.; *Philipp Jakob Spener*: Briefe aus der Frankfurter Zeit 1666–1686, hg. von Johannes Wallmann, Bd. 1: 1666–1674, Tübingen 1992, S. 675, 762–769.

HErrn übergeben, und übergab es meinem leiblichen Vater, von dem ich den Willen meines himmlischen Vaters erfahren wolte; Ehe ich aber solches thäte, schriebe ich an zwey Gottselige Männer,[189] die mir in der wahren Gottseligkeit wohl bekannt waren, und legete ihnen einige Fragen vor, welche mir denn also beantwortet wurden, daß ich keine Ausflucht mehr in meinem Gemüthe wuste, sondern es auf GOttes Willen ankommen ließ, den ich durch meines Vaters Willen zu erfahren glaubte;[190] Der Sel. Vater übergab es meiner gnädigen Herrschafft,[191] meine gnädigste Herrschafft überschickten denselben Geistlichen ihren Willen, ich aber berieff mich auf den Willen meines Seel. Vaters, und wolte weder Ja noch Nein von mir geben, sondern meines Sel. Vaters Ja solte mein Ja, und sein Nein mein Nein seyn. Da geschahe es, daß mein seliger Vater anders Sinnes ward, und sprach Nein, dabey bliebe es.[192] Unterdessen biß die Nachricht wieder zu-

189 Johanna Eleonora hatte sich an Johann Jakob Schütz, dem sie im Sommer 1672 erstmals begegnet war, und an Philipp Jakob Spener gewandt. Von 1672 bis zu ihrer Übersiedelung nach Frankfurt im Jahr 1675 stand Johanna Eleonora mit beiden in brieflichem Kontakt; vgl. *Deppermann*: Schütz (wie Anm. 188), S. 108–119 sowie *Spener*: Briefe (wie Anm. 188), Nr. 138, 147, 152, 158, 165, 167, 181, 189, 209, 213.

190 In einem auf Anfang Juni 1674 datierbaren Brief an die junge Johanna Eleonora geht Spener ausführlich auf das Eheprojekt ein. Er unterstreicht die Integrität und Aufrichtigkeit Wincklers und führt aus, dass sich individuelle Christusnachfolge und Ehestand durchaus vereinbaren lassen. Spener nimmt an seiner Korrespondentin aber auch deren Desinteresse an einer Heirat zur Kenntnis und rät ihr schließlich, die Entscheidung ihrem Vater anheimzustellen; vgl. *Spener*: Briefe (wie Anm. 188), Brief Nr. 189, S. 762–769; vgl. auch *Albrecht*: Petersen (wie Anm. 3), S. 55.

191 Der Vater hatte die Entscheidungsgewalt in dieser Frage an Johanna Eleonoras Dienstherrn, Herzog Philipp Ludwig von Holstein-Sonderburg-Wiesenburg, übertragen.

192 In einem auf Oktober 1674 datierbaren Brief kommt Spener auf den langwierigen Entscheidungsprozess und die definitive Ablehnung des Heiratsantrages durch den Vater zurück; vgl. *Spener*: Briefe (wie Anm. 188), Brief Nr. 209, S. 841–845. Spener stellt darin den väterlichen Be-

rück kam, dann wir 40. Meilen von dem Sel. Vater, und auch von der Geistl[lichen] Person abwaren,[193] wurde ich zu Hofe vor eine Braut gehalten, ich mochte mich auch wegern[194] wie ich wolte, so dachte niemand, daß die einmahl geschehene Übergebung des Sel. Vaters an die Gnädige Herrschafft könte umgezogen werden,[195] auch hätte der Geistliche darauf getrieben, so wäre es eine streitige Sache worden. Aber es war nicht der Wille des HErrn, denn der gedachte Geistliche nahm das Nein meines Vaters an, und gab sich zufrieden. Da hatte ich wieder eine neue Schmach in meinem Hertzen, weil ich merckete, daß über solchen Zurückgang viel Wunderns war.

§. 19. Aber es waren nur lauter heilsame Prüfungen, meiner Seele[196] in die Gelassenheit GOttes einzukehren.[197] Da gab mir GOtt immer mehr und mehr Gnade. Denn ehe die Ansuchung dieser Heyrath vorgieng, wurde ich mit zwey rechten GOttes=Männern in

schluss keineswegs in Frage, deutet jedoch an, dass dieser juristisch anfechtbar gewesen wäre, da der Vater die Entscheidungsgewalt, „die macht des consensus", an die herzogliche Herrschaft abgetreten, nachträglich aber wieder beansprucht hatte, S. 842. Der Herzog hatte die Verbindung Johanna Eleonoras mit Johann Winckler gutgeheißen, auch wenn er die junge Frau, laut brieflicher Aussage, „gern standesgemäß versorgt" gewusst hätte, S. 842 Anm. 8.

193 Entfernt waren.

194 Weigern.

195 Zurückgezogen werden.

196 Die für pietistisches Denken bezeichnende positive Interpretation schmerzhafter Erfahrungen als von Gott gewirkte „heilsame Prüfungen" klingt bereits in dem von Spener an Johanna Eleonora gerichteten Brief vom Oktober 1674 an: „In dem übrigen sehe ich dieses gantze bißher geführte werck als eine sonderbahre probe an, damit die väterliche güte GOttes die gelassenheit erkäntlich prüffen, ihre gedult auch andern vor augen stellen, und sie also in der schulen, worinnen sie schon so offt mit mehrern geübet worden, ferner üben wollen.", zitiert aus *Spener*: Briefe (wie Anm. 188), Brief Nr. 209, S. 843.

197 Aus der Mystik übernommene Vorstellung; vgl. *Langen*: Wortschatz (wie Anm. 4), S. 153f. und 221f.

Franckfurt bekannt,[198] da wegen Unpäßlichkeit unserer ältesten Printzeßin,[199] meine Gnädigste Herrschafft nach dem Emser=Bad reiseten,[200] und ich durch GOttes sonderbare Schickung erstlich mit dem einen gottseligen Freund bekannt wurde,[201] da er auf dem Schiff war, in welchem wir nach dem Wasser=Bad fuhren, da kam er durch Gottes sonderbahre Schickung neben mir zu sitzen, und kamen in einen geistlichen Discurs,[202] welcher etzliche[203] Stunden währete, also, daß die 4. Meilen von Franckfurt bis Mäyntz,[204] allwo er ausstieg, mir nicht eine Viertel=Stunde dauchte, und redeten ohne Aufhören zusammen, daß nicht anders war, als ob er in mein Hertz sähe,[205] und alles hervorkam, was mich biß dorthin noch in Zweiffel gehalten, ja es war auch nicht ein Wort verlohren, dessen ich nicht vom Geist GOttes wäre erinnert worden zu der Zeit, wenn es könte in die *Praxin* gestellet werden;[206]

---

198 Bekannt werden: kennenlernen.

199 Sophie Elisabeth (1653–1684) war die älteste Tochter von Herzog Philipp Ludwig von Holstein-Sonderburg-Wiesenburg aus seiner zweiten Ehe mit Anna Margareta von Hessen-Homburg. 1676 heiratete Sophie Elisabeth Herzog Moritz von Sachsen-Zeitz (1619–1681).

200 Bad Ems ist ein seit dem Mittelalter durch Thermalquellen bekanntes Heilbad im unteren Lahntal, damals zur Landgrafschaft Hessen, heute zu Rheinland-Pfalz gehörend.

201 Die Verfasserin hatte auf der genannten Reise den Frankfurter Juristen und Mitinitiator der *Collegia pietatis* Johann Jakob Schütz kennengelernt. Deppermann datiert diese Begegnung auf den 29. Mai 1672; vgl. *Deppermann*: Schütz (wie Anm. 188), S. 108f.

202 In ein geistliches Gespräch.

203 Etliche.

204 Mainz liegt ca. 30 km von Frankfurt entfernt.

205 Die Verfasserin beschreibt den „gottseligen Freund“ indirekt als *speculator cordis* und betont damit die für sie grundlegende Bedeutung dieser Begegnung; es handelt sich gleichzeitig um eine Anspielung auf das Luther-Wort, auf das sich auch Johann Henrich Reitz (1655–1720) in der Vorrede zur *Historie der Wiedergebohrnen* bezieht, wenn er sagt: „Man siehet hier / um mit Luthero auß seiner schönen Vorrede über den Psalter also zu sprechen / allen Heiligen ins Hertz.“ *Reitz*: Historie der Wiedergebohrnen (wie Anm. 24), Bd. 1, Vorrede zu Teil I, unpaginiert.

206 In die Tat umgesetzt werden.

Ja ich fand an denselben Freund das, woran ich gezweiffelt, an einigen Menschen in der Welt zu finden, weil ich mich so lange darnach umgesehen, ob auch wahre Thäter des Worts seyn könten, und hatte mich daran aufgehalten, weil ich keinen fand. Aber als ich an diesem gewahr wurde, daß er solche Einsicht hatte, und den Grund meines Hertzens mir vorsehen konte, auch solche Niedrigkeit, Sanfftmuth, heilige Liebe, und Ernst, den Weg der Warheit[207] zu erkennen zu geben, da wurde ich recht getröstet und sehr gestärckt, und suchete durchzubrechen,[208] darinn ich durch die Unwissenheit biß dorthin sehr aufgehalten wurde, von denen, die mich hätten forttreiben sollen,[209] die machten mich irre, ob wären es unnöthige Dinge, darüber ich mich so sehr bemühete. Aber als ich an den gedachten Freund wahrnahm, daß sein Sinn und des HErrn Wort übereinstimmete, und alle Zweiffel aufgelöset wurden, die in mir offt entstunden, weil ich niemand kennete, so nach dem Wort des HErrn in aller Einfalt wandelte, und mich selbst beredete,[210] als müste es nicht so einfältig zu verstehen seyn, daß mans thun solte, sondern müste an den Wissen gnug seyn, weil ich Niemand im Thun sahe; Da wurde ich aber von gedachten Freunde[211] bestärcket, daß nicht auf das Exempel der Menschen, sondern auf das Exempel des HErrn zu sehen wäre, und auf das Wort der Warheit,[212] dagegen alle Menschen Lügner.

207 2Petr 2,2 und Anklang an Gal 5,22.

208 Vgl. Mi 2,13; ‚durchbrechen' bzw. ‚Durchbruch' sind zentrale Begriffe zur Umschreibung des entscheidenden Erlebnisses der Seele auf dem Weg zur Wiedergeburt; vgl. *Langen*: Wortschatz (wie Anm. 4), S. 238–241.

209 Forttreiben: weiterbringen, ansporenen. In pietistischen Zeugnissen häufig vorgebrachte Kritik gegenüber orthodox-lutherischer Seelsorge.

210 Mir selbst einredete.

211 Johann Jakob Schütz.

212 Vgl. 2Kor 6,7.

§. 20. Da war eine göttliche Überzeugung in meinem Hertzen, und darauf wurde ich mit den andern Freunde bekannt,[213] von den beyden ich hernachmahls kräfftiglich im Guten gestärcket ward, und bekam immer mehr und mehr einen Abscheu vor der Welt und ihrer Gleichstellung.[214] Dann als GOtt das Wort, 2. Petr. 1. in meinen Hertzen lebendig machte:[215] Ihr werdet göttlicher Natur theilhafftig, so ihr fliehet die vergängliche Lust der Welt;[216] sprach ich bey mir selbst: Soll ich mich um solche schnöde vergängliche Lust göttlicher Natur berauben, nein, ich will mit Gottes Hülffe durchdringen,[217] es koste was es koste. Schrieb darauf an den ersten Freund, der mir so viel göttliche Gabe, durch Gottes Gnade mitgetheilet, daß ich ihn als einen Vater liebete,[218] nemlich, daß ich vorhätte, mich von aller Gleichstellung der Welt loß zu machen; Der

213 Philipp Jakob Spener.

214 Für den pietistischen Wortgebrauch bezeichnende hyperbolische Formulierung, um den Kontrast zum früheren Verhalten des erinnerten Ich hervorzuheben.

215 Dass Gott sein Wort im Herzen des Gläubigen ‚lebendig macht', ist eine im Pietismus geläufige Vorstellung und Formulierung, die ausdrückt, dass durch Gottes Einwirken das Verständnis des Bibelwortes auf den Weg gebracht wird.

216 2Petr 1,4. Zu dieser zentralen Stelle mystisch-pietistischer Anthropologie vgl. *Martin Schmidt*: Teilhabe an der göttlichen Natur. 2Petr 1,4 in der theologischen Exegese des Pietismus und der lutherischen Orthodoxie, in: *Ders.*: Wiedergeburt und neuer Mensch. Gesammelte Studien zur Geschichte des Pietismus (AGP, 2), Witten 1969, S. 238–298.

217 Vergleichbar mit ‚durchbrechen' (vgl. Anm. 208).

218 Johann Jakob Schütz. Diese Aussage der Verfasserin kann sich auch auf Spener beziehen, wie aus einem auf den 15. Mai 1673 datierbaren Antwortschreiben des Frankfurter Seniors hervorgeht. Darin weist Spener die ihm angetragene Ehre, von Johanna Eleonora als Vater angeredet zu werden, zurück und erklärt, dass er sie nicht als Tochter, sondern als Schwester und somit in geistlicher Hinsicht als ebenbürtige Briefpartnerin betrachte; vgl. *Spener*: Briefe (wie Anm. 188), Brief Nr. 152. In seinen Briefen spricht Spener Johanna Eleonora durchwegs als „vielgeliebte" bzw. „geliebte Schwester" an; die an Spener gerichteten Briefe der Verfasserin sind nicht überliefert.

war aber in Sorgen, daß ich nicht möchte starck genug seyn, dasjenige, was mir darob begegnen würde, auszustehen, und ermahnete mich, nur mein Hertz von allem abzureissen,[219] so würde GOtt auch Mittel und Gelegenheit zusenden, von dem äusern, so mich beschwerete, frey zu werden, ich solte nur GOtt vertrauen, und ihm treu bleiben in der Liebe. Aber es wolte der überzeugende Geist GOttes meinem Gemüthe keine Ruhe lassen, sondern überzeugete mich mit den allerkräfftigsten Sprüchen zum Exempel: Stellet euch nicht gleich dieser Welt:[220] Verleugnet euch selbst:[221] Die heilsame Gnade züchtiget uns, daß wir sollen verleugnen:[222] Item:[223] Schaffet daß ihr selig werdet mit Furcht und Zittern:[224] Ringet darnach, daß ihr durch die enge Pforte eingehet:[225] Wer mich verläugnet vor den Menschen:[226] Der Teuffel gehet umher wie ein brüllender Löwe:[227] Das Gleichniß von den fünff thörichten Jungfrauen,[228] und dergleichen heilsame Oerter Heil[iger] Schrifft[229] waren immer in meinem Hertzen, und trieben mich an, die Gleichstellung der Welt von mir abzulegen, und war doch die Furcht vor der Herrschafft bey mir noch, die ich nicht überwinden konte. Da tantzete ich offt mit Thränen,[230] und

219 Hyperbolischer Ausdruck zur Umschreibung der Abkehr von der Welt.
220 Röm 12,2.
221 Mt 16,24; Mk 8,34; Lk 9,23.
222 Tit 2,11f.
223 Ebenso, auch.
224 Phil 2,12.
225 Lk 13,24.
226 Lk 12,9.
227 1Petr 5,8.
228 Mt 25,1–13.
229 Biblisch geprägte, im Pietismus geläufige Formulierung zur Bezeichnung der durch ihre Heilsverheißungen besonders hervorzuhebenden Bibelverse. ‚Ort': *locus*, Bibelstelle.
230 Das Tanzen als Bestandteil gesellschaftlichen Lebens gehört nach lutherischer Lehre zu den Mitteldingen (*Adiaphora*), die an und für sich

wuste mir nicht zu helffen; Ach dachte ich offt, daß ich doch eines Vieh=Hirten Tochter wäre,[231] so würde mir ja nicht verdacht, in der einfältign Nachfolge Christi zu wandeln, es wäre kein Aufsehen auf mich. Als ich aber erkennete, daß mich kein Stand entschuldigen wolte, weil ich dem allen absagen müste, so ich Christi Jünger seyn wolte, und mich nichts hindern könte, so ich die Schmach der Menschen an die Seite setzete, und die gerne erdulden wolte, um Christi theilhafftig zu werden.[232]

§. 21. Da entschloß ich durch GOttes Gnade[233] von nun an es mit Ernst anzugreiffen, und weder Leben noch todt mich aufhalten zu lassen, gieng darauf nach mei-

---

weder gut noch schlecht sind. Nach pietistischer Auffassung werden die Mitteldinge jedoch eindeutig dem Bereich ‚Welt' zugeordnet und als sündhaft abgelehnt. Diese Einschätzung wurde von traditionell lutherischer und pietistischer Seite kontrovers diskutiert und gab Anlass zu vielfältigen Auseinandersetzungen; vgl. *Ruth Albrecht*: Pietistische Frömmigkeit und Theologie mit radikalen Tendenzen: Das Ehepaar Johanna Eleonora und Johann Wilhelm Petersen, in: Eutin im Barock. Kunst und Kultur am fürstbischöflichen Hof des 17. Jahrhunderts, hg. von Oliver Auge und Anke Scharrenberg, Kiel – Hamburg 2021, S. 257–284; *Wolfgang Breul*: Nonkonformismus, in: Pietismus Handbuch (wie Anm. 47), S. 487–494, bes. 491f.; *Martin Gierl*: Kontroversen und Kritik, in: Pietismus Handbuch (wie Anm. 47), S. 494–502, bes. 499 und 501.

231 Die Verfasserin aktualisiert den aus der Antike überkommenen Topos vom ‚Lob des einfachen Lebens', der, als Kritik und zugleich als Korrektiv zu den vorherrschenden gesellschaftlichen Normen verstanden, die Wunschvorstellung nach einer von zivilisatorischen Zwängen unberührten Lebensform evoziert; vgl. *Christian Schmitt*: Einfaches Leben, in: Handbuch der Idylle. Verfahren – Traditionen – Theorien, hg. von Jan Gerstner, Jakob C. Heller und Christian Schmitt, Berlin 2022, S. 379–382, hier 379. In pietistischer Anwendung widerspiegelt dieser Topos die Auffassung, wonach das herkömmliche höfische Leben mit seinen auf Repräsentation ausgerichteten Veranstaltungen einer pietistischen auf Weltabkehr und konsequenter Christusnachfolge gegründeten Lebensführung hinderlich ist. Zur Hofkritik in pietistischen Zeugnissen vgl. *Albrecht*: Petersen (wie Anm. 3), S. 48.

232 Anklang an Mt 5,11 und 1Petr 4,14.

233 Durch den Zusatz „durch Gottes Gnade" beschreibt die Verfasserin ihre Willensäußerung als von Gott gewirkt.

ner seligen Hertzogin, begehrete meine Erlassung,[234] welche mir durchaus gewegert[235] wurde. Als sie aber begehreten zu wissen, was mich dazu bewegete, sagte ich frey heraus, daß mein Wandel, wie ich ihn bey Hofe führen müste, wieder mein Gewissen stritte. Da wolte die liebe Sel. Hertzogin mir solches aus dem Sinne reden, sahen es vor eine Melancholey an,[236] und sprachen: Ihr lebet ja als eine tugendsame Jungfrau, und leset und betet fleissig, sehet doch die und die an, welche ja Christliche Leute sind, und thun solche Dinge mit, es ist ja nicht verboten, wenn man nur das Hertz nicht dran hänget. Aber ich wolte mich auf keine Exempel weisen lassen, sondern zeigete das einige Exempel Christi, und sein Wort, darauf ich gewiesen wäre, ich beurtheilete andere nicht, aber ich könte mich mit ihrem Exempel doch nicht befriedigen, son-

234 Entlassung.

235 Verweigert.

236 Der Begriff ‚Melancholey' erscheint hier in seiner ursprünglichen, medizinischen Bedeutung in Anlehnung an die Lehre von den vier Temperamenten. Im barocken Sprachgebrauch wird er in der Bedeutung von Depression, häufig mit Suizidgedanken einhergehend, verwendet. Nach christlicher Tradition wird Melancholie seit Origenes auf den Einfluss des Teufels zurückgeführt, da sie den Menschen in die Verzweiflung am göttlichen Guten und somit in die Sünde treibt; vgl. *Alfonso di Nola*: Der Teufel. Wesen, Wirkung, Geschichte, 3. Aufl., München 1997, S. 227–229. Mit dem Aufkommen der Aufklärung richtete sich der Vorwurf der Melancholie insbesondere gegen Mystiker und Enthusiasten. Dabei wurden Inspirationen, melancholische Neigung, enthaltsame und isolationistische Lebensweise als sich gegenseitig bedingend betrachtet und als krankhaft eingestuft; vgl. *Johanna Geyer-Kordesch*: Pietismus, Medizin und Aufklärung in Preußen im 18. Jahrhundert. Das Leben und Werk Georg Ernst Stahls, Tübingen 2000 (Hallesche Beiträge zur Europäischen Aufklärung, 13), S. 64f. Johanna Eleonora Petersen verwahrt sich gegen jegliche Pathologisierung ihrer Frömmigkeitspraxis; vgl. *Albrecht*: Petersen (wie Anm. 3), S. 49 Anm. 69. Eine positive Umwertung der Melancholie zu einer potentiell musisch inspirierenden Kraft zeichnet sich in Deutschland erst im 18. Jahrhundert im Zuge der Empfindsamkeit ab; vgl. *Ludwig Völker* (Hg.): „Komm, heilige Melancholie". Eine Anthologie deutscher Melancholie-Gedichte, Stuttgart 1984, Einleitung des Herausgebers: S. 15–43, bes. S. 19–23.

dern müste eine grössere Festigkeit meines Beruffs und Erwehlung in Christo[237] haben. Da nun meine liebe Hertzogin sahe, daß ich mich nichts umwenden würde lassen, sagten sie mir zu, alles mich zu erlassen, was ich fände wieder mein Gewissen zu seyn, ich solte nur bey ihnen bleiben, und im übrigen meine Dienste verrichten wie vorhin. Ich stellte aber vor, wie manche Aufwartung sie würden beraubet seyn, absonderlich wenn Fremde kämen, da es leicht kommen könte, daß die andere Jungfer kranck würde, so würden sie alsdann gantz ohne Aufwartung seyn, dieweil bey angestellten Frölichkeiten ich nicht seyn möchte und ihnen Anlaß zum spotten geben. Aber sie liessen sich nicht irren,[238] sondern versprachen mir treulich zu halten, daß ich aller Aufwartung bey Eitelkeiten[239] loß seyn solte. Als dieses geschehen, sagten sie es den Hertzog, der war mit meinem Vornehmen nicht zufrieden, meynete, daß Melancholey wäre und kriegte mich hart vor, sprechende, es wäre vom Teuffel, ich wäre eine solche junge Dame, die bey Hohen und Niedern beliebt wäre, und wolte mich nun in solche Verachtung stürtzen, daß man mich vor eine Thörin halten würde, was die Meinen dazu sagen wolten? Ich antwortete aber gantz getrost, daß mein Vornehmen nicht nach eigenen Gutdüncken vorgenommen wäre, sondern nach dem Wort meines Heylandes,[240] der die Wahrheit wäre;[241] Was mir nun darüber, daß ich seine Stimme hören und derselben folgen wolte,[242] begegnen würde, das

237 Vgl. 2Petr 1,10; der Terminus ‚Beruf' ist hier in seiner religiösen Bedeutung als Berufung zum Heil verwendet; vgl. *Langen*: Wortschatz (wie Anm. 4), S. 31f.

238 Beirren.

239 Abwertende Bezeichnung bes. für höfische Vergnügungen.

240 Ausdruck des apostolischen Selbstverständnisses der Verfasserin, vgl. 1Kor 9,16 und 1Tim 1,1.

241 Vgl. Joh 14,6.

242 Anklang an das Jesus-Wort aus Joh 10,27.

wolte ich getrost annehmen, er würde mir schon Beystand thun, daß ich der Welt Schmach würde ertragen können. Als nun alles Zureden nichts verfangen wolte, wurden mir einige sogenannte Geistliche[243] über den Halß geschickt, die wolten mich bereden, daß ich die Worte der Schrifft nicht recht verstünde, ich machte mir schwehre Gedancken, da ich keine Ursach hätte, ich wäre ja Christlich und tugendsam, ich solte mich für[244] schweren Gedancken hüten. Aber ich antwortete nach meines Heylandes Wort, und fragete sie auf ihr Gewissen; welches unter diesen beyden das sicherste wäre? in aller Einfalt den Fußstapffen Christi nachfolgen, oder bey Gleichstellung der Welt von der Nachfolge Christi reden, und ein Belieben daran zu bezeugen, ohne That? Da sprachen sie, das erste wäre freylich besser, wer aber also leben könte? wir wären alle sündige Menschen. Da sprach ich, mir ist befohlen das beste zu erwehlen,[245] vor Können und Vermögen lasse ich meinen GOtt sorgen,[246] der seinen Geist zu geben verheissen hat,[247] der nicht schwach, sondern in unserer Schwachheit mächtig ist.[248] Wenn ichs aus

243 Zu den nicht namentlich erwähnten Geistlichen, denen die Aufgabe oblag, die junge Johanna Eleonora in ihrer kompromisslosen religiösen Haltung zu mäßigen, und deren geistliche Autorität von der Verfasserin angezweifelt wird, dürfte der damalige lutherische Hofprediger Johann Jakob Schwenk (gest. 1684) gehört haben, der von 1664 bis 1677 auf der Wiesenburg im Dienst der herzoglichen Familie stand; vgl. *Tietz*: Winckler (wie Anm. 188), S. 69 und 73f.

244 Vor.

245 Rechtfertigung mit Bezug auf Lk 10,42; möglicherweise auch Anklang an die in lateinischer Sprache abgefasste, 1672 gedruckte Autobiographie ΕΥΚΛΗΡΙΑ *oder Erwählung des bessern Teils* der niederländischen Anhängerin Jean de Labadies, Anna Maria van Schurman (1607–1678). Mit ihr stand die Verfasserin seit 1674 und somit schon vor ihrer Übersiedelung nach Frankfurt im Jahr 1675 in regem brieflichem Kontakt; vgl. *Albrecht*: Petersen (wie Anm. 3), S. 68.

246 Anklang an 1Kor 10,13 und 1Petr 5,7.

247 Anklang an das Jesus-Wort in Lk 24,49 und Joh 14,26.

248 Vgl. 2Kor 12,9.

eigener Krafft vornehmen würde, so möchte mir angst und bange seyn, weil ich mein Unvermögen wohl kenne, aber weil ichs in der Krafft CHristi nach seinem Befehl vorgenommen, so weiß und glaube ich auch gewiß, daß ich durch ihn alles vermag, und daß der treu ist, der es in mir angefangen, der wird es auch thun und vollführen biß auf seinen Tag.[249] Da liessen sie mich fahren.[250]

§. 22. Sie versuchtens aber noch auf eine andere Weise, indem sie dachten durch Schmach mich aufzuhalten, da über der Fürstl[lichen] Tafel bald einer den andern ansahe, und mich ansahen, und gegen einander lacheten, auch offt redeten, daß denen Frauenzimmer nicht geziemete, so viel in der Bibel zu lesen, sie würden sonst allzuklug. Ich aber ließ sie spotten, und erquickete mich in der Liebe meines Gottes.[251] Als es nun fast ein Jahr gewähret, und es schiene, daß mich auch der Geringste, ausgenommen etliche fromme Hertzen,[252] am Hof vor einen Spott hielte, ich es aber gering achtete, um Christi willen zu leiden,[253] da wendete

---

249 Anklang an 1Kor 1,8f. und Phil 1,6.

250 Da ließen sie von mir ab.

251 Anklang an Ps 119,50f.

252 Die Menschen, die damals das Frömmigkeitsstreben der Verfasserin teilten, werden nicht namentlich genannt. Zu ihnen gehörte aber bestimmt Prinzessin Sophie Elisabeth von Holstein-Sonderburg, die um 1670 auf die Wiesenburg kam. Die beiden jungen Frauen verband eine innige Freundschaft, die nach der Übersiedelung Johanna Eleonoras nach Frankfurt und nach der Heirat der Prinzessin mit Herzog Moritz von Sachsen-Zeitz bis zu deren Tod als Brieffreundschaft weiterbestand; vgl. *Markus Matthias*: Mutua Consolatio Sororum. Die Briefe Johanna Eleonora von Merlaus an die Herzogin Sophie Elisabeth von Sachsen-Zeitz, in: PuN, 22, Göttingen 1996, S. 69–102; *Tietz*: Winckler (wie Anm. 188), S. 70. Auch die seit 1667 im nahegelegenen Wildenfels residierende Benigna von Solms-Laubach geb. von Promnitz (1648–1702) gehörte zu den Freundinnen, mit denen die Verfasserin ihre spirituellen Überzeugungen teilen konnte; vgl. *Albrecht*: Petersen (wie Anm. 3), S. 45–47.

253 Vgl. Apg 5,41.

sichs gantz um, und gabe der grosse wunderbahre GOtt, eine solche Furcht in aller Hertzen, sowohl Hohen als Niedern, daß sie sich scheueten,[254] in meiner Gegenwart etwas unrechtes zu reden oder zu thun, ob sie sich gleich nicht scheueten vor dem Hof=Prediger, so war es doch in meiner Gegenwart gantz stille,[255] auch die sonst wilde Jugend stellete sich gantz still und ehrbar, wenn sie mich kommen sahen; Da dacht ich offt mit Thränen bey mir selbst, mein GOtt, du wunderbahrer GOtt! wer hat diesen solche Furcht ins Hertz gegeben, und mit welcherley Macht habe ichs doch zuwege gebracht, daß Grosse und Kleine sich in meiner Gegenwart scheuen, unrecht zu thun, hab ich mich doch unter alle erniedriget, und jedermans Spott gern auf mich genommen,[256] wer hat es doch also gewendet?[257] O HErr, deine Allmacht ists, deine Gegenwart verursachets, du erhöhest das Niedrige, und das Elende siehest du an, und richtest sie auf aus dem Staub,[258] dein ist die Ehre,[259] und zu deinen Ehren soll es auch geschehen. Solches erweckete nicht ein Aufblähen[260] in meinen Hertzen, sondern zog mich zur Hertzens=Demuth, und zerfloß[261] gleichsam vor meinem GOtt, da ich seine Grösse fühlete, und sahe, daß er der Fürsten Hertzen lencken könte wie Wasser=Bäche.[262] In solchen Zustande bin ich nachmahl drey Jahr

254 Anklang an Ps 33,8; Jer 32,40 und Mal 2,5, wodurch dem Leser nahegelegt wird, die von der Verfasserin ausgehende Autorität als eine göttliche zu verstehen.

255 Anklang an Ps 46,11; Hab 2,20; Zeph 1,7.

256 Vgl. Mt 18,4 und Phil 2,8.

257 Rhetorische Frage nach biblischer Vorgabe und Anklang an Hi 42,10.

258 Anklang an das Magnifikat (Lk 1,46–55) sowie an Hi 5,11 und Ps 113,7.

259 Biblisch geprägte, liturgische Formel, vgl. z. B. Apk 14,7, 19,1.7.

260 Vgl. 2Kor 12,20.

261 Aus der Mystik übernommene, im Pietismus beliebte Metapher zur Beschreibung der *Unio mystica*; vgl. *Langen*: Wortschatz (wie Anm. 4), S. 291 f.

262 Vgl. Spr 21,1.

am Hofe gewesen, und kan wohl sagen, daß ich ungemeine Gütigkeit, nicht allein von der lieben Herrschafft, sondern von jedermänniglich hatte, die mich liebeten, als Kinder eine Mutter lieben mögen; aber ich hab mich durch GOttes Gnade bewahret,[263] daß ich die Gnade von den Hohen nicht mit Überfluß annahm,[264] noch zu was Zeitliches anwendete, sondern bewahrete sie mir dazu, daß meines GOttes Ehre dadurch möchte befördert werden, und flohe alles andere, was für[265] den Menschen mich groß und hoch machte,[266] auch gebrauchte ich der andern ihre Gunst nur, daß ich Platz an ihren Seelen hätte.[267]

§. 23. Da hat es dem Höchsten gefallen, unterschiedliche von Hohen und Niedern, durch mein armes Exempel[268] kräfftiglich zu sich zu ziehen, daß man eine wahre Veränderung gespühret,[269] da es doch anfangs gantz das Gegentheil schiene, und also zu sagen, die letzte Tück des Satans war, die er mir damahls bewiese, daß er mich anfangs durch gutmeynende Menschen bald hätte irre gemacht,[270] welche meyneten, daß ich mich durch solche Absonderung von der Gleichstellung der Welt, als Kleider=Pracht, Entblössung der

263 Anklang an 2Thess 3,3 und 1Joh 5,18.

264 Der irdischen, nur vor der Welt erhöhenden Fürsten- und Herrengnade wird die beständige himmlische Gnade gegenübergestellt, vgl. Ps 118,9, 146,3.

265 Vor.

266 Anklang an Röm 12,16.

267 Anklang an Hebr 13,17; kann als indirekter Hinweis auf eine erzieherische Tätigkeit, die die Verfasserin bei Hof ausgeübt hat, verstanden werden; vgl. *Tietz*: Winckler (wie Anm. 188), S. 153.

268 Bescheidenheitstopos mit Anklang an 1Thess 1,7 und 1Tim 4,12.

269 Zur Beschreibung der geistlichen Entwicklung ist ‚Veränderung' ein im Pietismus oft in positiver Bedeutung gebrauchter, auf Röm 12,2 fußender Begriff; vgl. *Langen*: Wortschatz (wie Anm. 4), S. 148.

270 Die Versuchung durch den Teufel ist, in Übereinstimmung mit Mt 4,10, eine in der Nachfolge Christi zu durchlebende Phase.

Glieder, allerley weltlicher Lust, aller Gelegenheit beraubet, den Nächsten zu erbauen.[271] Und als sichs nun also anließ, als trugen[272] die Scheu, mit mir umzugehen, die zuvor so manchen schönen geistlichen Discurs[273] mit mir geführet, da hätte bald solche Tück etwas an mir verfangen, und gedachte, du hättest ja alles nach den Hertzen können ablegen, wenn du schon diß und das äusserliche an dir behalten, so wärest du ihnen doch nützlich gewesen.[274] Aber der Geist der Warheit richtete mich gleich wieder auf,[275] und legete mir andere Gedancken für,[276] da ich also dachte: Was hast du aber in deiner vorigen Zeit mit all den schönen Worten anders ausgerichtet, als daß sie von der Gottseligkeit Worte gelernet, und nicht gethan, und also doppelte Streiche[277] verdienet? und wo bleibet die Verfolgung,[278] die der Heil. Geist bezeuget hat über die Nachfolger Christi, wenn man die Gleichstellung der Welt äuserlich an sich behält? Oder wo ist die Bekänntniß Christi zu seiner Nachfolge bey solcher Vorstellung? Solte denn in dem Gehorsam des Glaubens,[279] da man in der Selbst=Verleugnung stehet,[280] nicht mehr Segen seyn als bey den blossen Worten ohne Krafft?[281] Ist doch der Jünger nicht grösser denn sein

271 Anklang an 1Thess 5,11.
272 Richtig wäre hier wohl ‚trügen'.
273 Rede.
274 Die wörtliche Wiedergabe eines inneren Monologs wie hier des gehegten Selbstzweifels, dient, ähnlich wie die direkte Leseranrede oder das an Gott gerichtete gebethafte Sprechen, der Erzeugung von Nähe zum Lesepublikum und der Vermittlung von Authentizität; vgl. auch *Butzer*: Das meditative Selbstgespräch (wie Anm. 16), S. 595.
275 Anklang an Joh 15,26.
276 Gab mir andere Gedanken.
277 Schläge.
278 Anklang an 2Tim 3,12.
279 Anklang an 1Sam 15,22 und Röm 1,4f.
280 Vgl. Mt 16,24; Mk 8,34; Lk 9,23.
281 Anklang an 1Kor 4,20.

Meister,[282] wie wolte man denn bey einen krafftlosen Glauben andere zur Nachfolge bringen? Mit dergleichen Gedancken habe ich alles überwunden, und durch GOttes Gnade erfahren, daß in einem Wort, wo die Thätigkeit dabey ist, mehr Segen und Gnade ist, als in tausend Worten ohne That.

§. 24. Als die drey Jahr nun vorbey,[283] daß ich in aller Einfalt meinen Wandel bey Hofe geführet, und mich beflisse, nichts anders zu thun, als was ich vor GOttes Angesicht mit Anruffung seines Heil. Namens thun könte, und alle vergängliche Lust, wodurch nur das Fleisch, und nicht der Geist erquicket,[284] von mir abgelehnet, da geschahe es, daß mein Sel. Vater mich verlangete, weil die Stieff=Mutter im Kind=Bette gestorben, und das Kind einige Zeit im Leben bliebe, da solte ich den Vater die Haußhaltung führen, und wurde also vom Hofe abgefordert;[285] Es hielte aber sehr hart, daß ich meine Erlassung bekommen konte, weil meine liebe selige Hertzogin mich liebete, als wenn ich ihr Kind wäre, auch mit vielen Thränen meinen Abschied beklagten, also, daß mir auch nachgesand wurde, ich möchte doch wieder kommen, und nicht nachgelassen wurde, biß ich mich soweit versprach, daß, soferne ich

282 Vgl. Mt 10,24; Lk 6,40; Joh13,16, 15,20.

283 Diese Angabe bezieht sich auf die Jahre 1672 bis 1675, die Zeit zwischen dem ersten Kontakt mit Schütz und Spener, bis zu ihrer Aufkündigung des Hofdienstes, als die Verfasserin vorübergehend in den väterlichen Haushalt zurückkehrte, bevor sie noch im selben Jahr nach Frankfurt übersiedelte.

284 Anklang an Röm 8,1–14.

285 Laut eines Briefes von Johann Jakob Schütz an die am Hof von Wiesenburg lebende Johanna Eleonora von Merlau, datiert auf den 2.3.1675, fällt der Tod der Stiefmutter in den Monat Februar 1675; vgl. *Matthias*: Petersen (wie Anm. 1), S. 85 Anm. 215; *Albrecht*: Petersen (wie Anm. 3), S. 56.

wieder nach Hofe gienge, ihnen[286] vor allen wolte verbunden seyn. Als ich aber nach Hause kam, hatte der Vater, weil das Kind gestorben, *resolvi*ret,[287] bey der Fürstin von Philipseck[288] sich zum Hof=Meister zu begeben, und ich bekam also Freyheit, mich bey einer vornehmen gottseligen Wittwe Bauerin von Eisenack, gebohrne Heußberinn genannt,[289] in die Kost zu begeben, deren Tugend=Wandel jederman in Franckfurt bekannt gewest, und ihr Ende ist im Segen,[290] welches gezeiget, daß ihr Wandel aufrichtig vor GOtt und Menschen gewesen ist. Bey derselben bin ich 6. Jahr gewe-

---

286 Gemeint sind die Herzogin und die übrigen Mitglieder der herzoglichen Familie, die damals noch auf Schloss Wiesenburg lebten.

287 Beschlossen.

288 Anna Elisabeth von Hessen-Homburg geb. von Sachsen-Lauenburg (1624–1688), seit 1672 von ihrem Mann, dem Landgrafen Wilhelm Christoph von Hessen-Bingenheim und Hessen-Homburg, geschieden, lebte auf Schloss Philippseck bei Butzbach im heutigen Wetteraukreis; vgl. *Matthias*: Petersen (wie Anm. 1), S. 85 Anm. 219.

289 Im Frühjahr 1675 zog Johanna Eleonora nach Frankfurt in den Haushalt der nur um drei Jahre älteren verwitweten Maria Juliana Baur von Eyseneck geb. von Hynsperg (1641–1684), die mit ihren drei unmündigen Kindern, zwei Söhnen, 1668 bzw. 1670 geboren, und einer 1669 geborenen Tochter (vgl. *Hans Körner*: Frankfurter Patrizier. Historisch-Genealogisches Handbuch der Adeligen Ganerbschaft des Hauses Alten-Limpurg zu Frankfurt am Main, München 1971, S. 249) im Saalhof, der am Mainufer gelegenen ehemaligen staufischen Kaiserpfalz, lebte. Der Kontakt zwischen den beiden Frauen war von Spener vermittelt worden. Maria Juliana Baur von Eyseneck stammte aus dem Frankfurter Patriziat und gehörte wie ihr 1672 verstorbener Ehemann zu Speners Freundeskreis. Sie hatte bei der Ausbreitung radikalpietistischer Ideen großen Einfluss. Ein Bericht über ihr Leben und ihr Sterben, der neben an ihre Kinder gerichteten Ermahnungen vor allem Selbstäußerungen aus ihrer Sterbezeit enthält, wurde in Gottfried Arnolds *Leben der Gläubigen* aufgenommen (vgl. *Gottfried Arnold*: Das Leben der Gläubigen, Halle 1701, S. 1121–1143.) und als 8. Historie in: *Reitz*: Historie Der Wiedergebohrnen (wie Anm. 24), Bd. 1, Teil III (1701), 8. Historie, S. 112–123. Als Quelle nennt Reitz „den Lebens=Lauff und Abschieds=Reden einer recht Christlichen Wittiben / etc.“ (S. 112f.) und bezieht sich damit auf die Trauerschriften, die zum Tod Maria Juliana Baur von Eysenecks verfasst und, wie damals üblich, wohl auch gedruckt wurden.

290 Seliges Sterben meint ein Sterben im Frieden mit Gott, was zugleich als Zeichen der künftigen Seligkeit galt; vgl. auch Hebr 13,7.

sen,[291] und haben uns geliebet, als ein Hertz und eine Seele,[292] da hat mir der HErr viel Gutes gethan, und in denselben in einer Wassers=Gefahr[293] so mächtig gestärcket, daß ich mich freuete, da andere zitterten und zageten.[294] Denn es geschahe, daß ich auf dem Marckt=Schiff von Franckfurt nacher Hanau[295] fuhr, meine Schwester die von Dorffel[296] zu besuchen, da waren unterschiedliche Leute, auch einige Soldaten, so mit 4. unkeuschen Weibes=Personen sehr grobe und unzüchtige Schertz=Reden führeten, darüber meine Seele betrübet wurde,[297] daß die Menschen ihrer Seelen so gantz vergessen,[298] lehnete mich an das Schiff, und suchte einzuschlaffen, daß ich solche Rede nicht länger hören möchte, als ich nun im Schlaff kam, träumete mir der Spruch Psal. 14. Der HErr schauet vom Himmel auf die Menschen=Kinder[299] usw. womit ich erwachete, und als ich schon wachete, kam mirs vor, als ob ein grosser Sturm=Wind käme, und das Schiff umdrehete, da erschrack ich, und dachte, du wachest ja, wie ist dir denn zu Muthe? Es war aber nicht eine Viertel=Stunde hernach, so kam ein rechter Wind=Würbel, der das Schiff fassete, und in sehr grosser Gefahr waren, daß sie alle

291 Die Verfasserin lebte bis September 1680 im Haushalt Maria Juliana Baur von Eysenecks. Zu den Jahren, die Petersen in Frankfurt verbrachte, vgl. *Albrecht*: Petersen (wie Anm. 3), S. 57–83.

292 Aus Apg 4,32 übernommene sprichwörtlich gewordene Wendung, um die harmonische Verbundenheit zwischen Menschen zu beschreiben.

293 Zur nachfolgend berichteten Sturmepisode lassen sich Parallelen zu Jon 1,4–16; Mt 8,23–27; Mk 4,35–41 und Apg 27 ziehen.

294 Stabreimende Zwillingsformel nach dem Vorbild der Lutherübersetzung, vgl. Mk 14,33 und Apg 9,6.

295 20 km östlich von Frankfurt a. M. gelegene Residenz der Grafen von Hanau.

296 Charlotte Auguste Philippina, die jüngste Schwester der Verfasserin, hatte 1677 den Witwer Johann Reinhard von Dorfelden, der in Hanau Hofmeister war, geheiratet; vgl. *Matthias*: Petersen (wie Anm. 1), S. 81.

297 Anklang an Ps 42,6 und an das Jesus-Wort aus Joh 12,27.

298 Anspielung auf Mt 16,26.

299 Ps 14,2.

vor Angst schrien, und den Namen JEsu, den sie zuvor in ihrem leichtfertigen Schertz so offt unnütz genennet,[300] um Hülffe anrieffen. Da that mir GOtt meinen Mund auf,[301] daß ich ihnen zeigete, was vor Angst die Gefahr des Todes machen könte, und wie sie zuvor den Namen Christi unnützlich geführet, den sie nun um Hülffe anschrien, darbey vorstellete, wie gut es sey, in der Furcht des HErrn zu wandeln,[302] auf daß man in aller Noth Zuflucht haben möchte; als nun der Höchste Gnade gab, daß sich der unversehene und geschwinde Sturm legete, war eine von den Frauens=Leuten so frech, daß sie Schertz=weiß sagte: Es wäre bald gegangen, daß das Schifflein mit Wellen wäre bedecket worden, dabey sie laut lachete, worüber ich recht eyferig wurde, sagende: Ihr freches Mensch, gedencket ihr nicht, daß uns die Hand des HErrn noch finden könte,[303] die wir itzt an eben derselben Stätte sind, da uns der Sturm und Wind=Würbel ergrieffen, usw. Ich hatte meinen Mund kaum zugethan, da war der vorige Wind, und wurde in das Schiff ein Loch geschlagen, daß sich alle des Lebens erwegten,[304] ich aber bekam eine sehr ungewöhnliche Freude: Denckende: Soll ich nun meinen JEsum sehen?[305] Was wird hier im Wasser bleiben, anders nichts, als das Sterbliche, das mich so offt beschwehrt! was in mir das Leben gewest, das stirbet

300 Verstoß gegen das 2. Gebot, vgl. Ex 20,7 und Dtn 5,11.

301 Vgl. Jer 1,9 und Ez 3,27. Der prophetische Sprachgestus, den die Verfasserin annimmt und durch den sie sich zum Werkzeug Gottes stilisiert, kann als indirekte Schreibrechtfertigung verstanden werden; vgl. auch *Albrecht*: Pietismus und Mystik (wie Anm. 161), S. 196–216, bes. 196 und 107f.

302 Anklang an Neh 5,9; Sir 2,12; Spr 14,2; Mi 4,5.

303 Anklang an Hebr 10,31.

304 Dass sie [in Anbetracht der Gefahr] ihr Leben überdachten.

305 Freudige Todesbereitschaft gilt als ein Zeichen des Bekehrt-Seins und wird bereits in den frühen, aus dem puritanischen England stammenden Selbstzeugnissen regelmäßig als Glaubensbeweis angeführt; vgl. *Reitz*: Historie der Wiedergebohrnen (wie Anm. 24), Bd. 1, Teil I (1698).

nicht.[306] usw. Diese innigliche Freude wurde ein *Doctor*, Mige genannt,[307] aus Hanau an mir gewahr, und hatte sich darüber bey sich selbst verwundert, auch dadurch in seinem Gemüth aufgerichtet.[308] Als wir aber meyneten, daß das Schiff sincken wolte, weil es schon sehr viel Wasser hatte, und alles Zustopffen und Ausschöpffen nichts helffen wolte, auch der Sturm aufhielt, daß man weder zur Rechten noch zur Lincken ans Land konte, da war es auf einmahl gantz still, und drang der Schiffer zu Land, da sprungen sie aus dem Schiff, und die wilden Soldaten hatten meine Worte zu Hertzen genommen, nahmen genau Acht auf mich, daß ich wohl zu Land kam, und dancketen, daß ich ihnen zu Hertzen geredet, auch bezeugte der *Doctor* Mige, daß er solche meine Freudigkeit in dieser Todes=Angst nimmermehr vergessen wolte, wie er auch vielen solches mit Verwunderung erzehlet, ist auch manche Seele in GOtt gestärcket worden, darüber der Teuffel mich mit allerley Lästerung und Lügen beleget, daß ich also auch in Franckfurth der Leyden meines Heylandes bin theilhafftig worden[309] auf unterschiedliche Weise.

§. 25. Als ich aber etwa ein Jahr bey ihr war, hatten die liebe Herrschafft erfahren, daß der Vater mich nicht nöthig hätte, schrieben also meine liebe Hertzogin selbsten, und liessen durch den Herrn Kammer *Se-*

306 Anspielung auf Joh 11,25.

307 Es könnte sich um Friedrich Miege handeln, der sich 1659 zusammen mit Spener zum Studium des „Hebräischen/Rabbinisch= und Talmudischen" in Basel aufhielt; vgl. *Albrecht*: Petersen (wie Anm. 3), S. 342. Johann Henrich Reitz erwähnt seinen Namen im fünften Teil seiner *Historie der Wiedergebohrnen*, in der Philipp Jakob Spener gewidmeten Biographie; vgl. *Reitz*: Historie der Wiedergebohrnen (wie Anm. 24), Bd. 2, Teil V (1717), S. 307–342, hier 308.

308 Anklang an Jak 5,15.

309 Anklang an 2Kor 1,7.

cret[arius] von der Strassen genannt,[310] an mich schreiben, daß ich doch wieder kommen solte, und meine Dienste antreten, sie wolten Kutsch und Pferde schicken, und mir doppelte Besoldung geben, ich solte auch den Namen einer Hofmeisterin[311] haben, aber ich entschuldigte mich damit, daß ich müste die Aufsicht auf des Vaters Güter haben, und offt da gegenwärtig seyn, daß alles möchte inacht genommen werden. Nachgehends haben sie mirs noch mündlich sagen lassen durch den H[er]rn Hofrath Gerhard,[312] aber ich bin bey meiner vorigen *Resolution*[313] geblieben, weil es mir würde schwehr gefallen seyn, das Hof=Leben aufs neue anzunehmen, da ich mich zur Einfalt gewöhnet.

Als ich nun bey der Fr[au] Bauerin war, und meine Schwester, die von Praunheim[314] mir zusprach,[315] wurde sie gewahr, was eine schöne Kinder=Zucht[316] die seel. Bauerin hatte, bathe mich dahero sehr inständig, eine von ihren Töchtern zu mir zu nehmen, daß sie auch also Christlich möchte auferzogen weden, gab mir also die, so nach meinem Namen genannt war, und 8. Jahr alt war,[317] welche sich sehr wohl anließ.[318]

§. 26. Da ich aber 6. Jahr bey der lieben Frau Bauerin zugebracht,[319] fügte es der höchste GOtt, daß mein lieber Mann, welcher mich etliche Jahr zuvor in Franck-

---

310 Zu den Aufgaben eines Kammersekretärs gehörte es, die Korrespondenz seiner Vorgesetzten zu erledigen. Name des Sekretärs nicht ermittelt.

311 Die vom Hof- zum Kammerfräulein aufgestiegene Johanna Eleonora hätte in der Position einer Hofmeisterin die höchste Stufe ihrer höfischen Karriere erreicht; vgl. *Albrecht*: Petersen (wie Anm. 3), S. 45.

312 Nicht ermittelt.

313 Entscheidung, Beschluss.

314 Christina Sibylle Maria Philippina (s. Anm. 68).

315 [Bei einem Besuch] mit mir sprach.

316 Kindererziehung.

317 Anna Elisabeth Eleonora Magdalena von Praunheim.

318 Sich gut anschickte, sich gut aufführte.

319 Die Verfasserin bezieht sich auf das Jahr 1680.

furth gesehen,[320] und in GOtt kennen lernen, einige Gedancken bekam, mich zu heyrathen,[321] und giebet zu Lübeck einer gewissen Person[322] die *Commission*,[323] mit mir zu reden, welche es erst nach einer geraumen Zeit thät, aus Mangel der Gelegenheit. Als mir aber solches vorkam, konten mir gantz keine Gedancken zu heyrathen in Sinn kommen, sondern als ich mit meinem Gebet vor GOtt gewesen, setzte ich mich nieder, und schrieb es ab,[324] und schlug eine andere sehr tüchtige Person[325] vor; aber mein lieber Mann ließ sichs nicht irren, sondern schrieb an einen lieben Freund und vornehmen Geistlichen, und auch an meinen Seel.

---

320 Johann Wilhelm Petersen, der seit Ende des Jahres 1672 mit Spener in brieflichem Kontakt stand und ihn spätestens von Herbst 1674 an auch besuchte (vgl. *Matthias*: Petersen [wie Anm. 1], S. 47–49), hat Johanna Eleonora über Spener und Schütz frühestens im Frühjahr 1676 in Frankfurt kennengelernt; vgl. *J. W. Petersen*: Leben, 1717, S. 21f.; *Matthias*: Petersen (wie Anm. 1), S. 88f.; *Deppermann*: Schütz (wie Anm. 188), S. 114; *Albrecht*: Petersen (wie Anm. 3), S. 79f.

321 Johann Wilhelm Petersen, der seit Juni 1678 im holsteinischen Eutin das Amt eines Superintendenten und Hofpredigers innehatte, erkundigte sich Ende 1679 nach Johanna Eleonoras Gesinnung hinsichtlich einer Eheschließung; vgl. *Matthias*: Petersen (wie Anm. 1), S. 120 und 124f. Über seine schließlich erfolgreichen Bemühungen um Johanna Eleonora berichtet er in seiner Lebensbeschreibung; vgl. *J. W. Petersen*: Leben, 1717, S. 49–52.

322 Übermittler des Antrags war vermutlich der wie J. W. Petersen aus Lübeck stammende Buchdrucker, Buchhändler und Verleger Heinrich Betke (1625–1705), der Petersen später auch Johanna Eleonoras Antwort überbrachte; vgl. *Matthias*: Petersen (wie Anm. 1), S. 125.

323 Auftrag.

324 Lehnte es schriftlich ab.

325 Es handelt sich um die Spener-Freundin Anna Elisabeth Kißner geb. Eberhard von Schwindt (1652–1730), seit 1678 Witwe des Dr. Johann Kißner (vgl. *Jutta Taege-Bizer*: Weibsbilder im Pietismus, in: Frauen Gestalten Geschichte. Im Spannungsfeld zwischen Religion und Geschlecht, hg. von Leonore Siegele-Wenschkewitz, Gury Schneider-Ludorff, Beate Hämel u. a., Hannover 1998, S. 109–136, hier 123). Der Krankheits- und Sterbebericht ihrer 1692 im Alter von 20 Jahren verstorbenen Tochter Elisabeth, einer ekstatischen Jesus-Verehrerin, findet sich als 12. Historie in: *Reitz*: Historie der Wiedergebohrnen (wie Anm. 24), Bd. 1, Teil III (1701), S. 159–171.

Vater,[326] welchen Brief ich erstlich zurück hielte, biß ich in meinem Gewissen gedrungen wurde, solches Werck, weil es keine andere Absicht hätte, als zur Ehre GOttes, meinen Vater zu übergeben; schrieb ihm solches, und sandte seinen Brief, und war dabey also still, als ob mirs nichts angienge; Alles was darinn gehandelt wurde, war mir fremde, ich dachte auch nicht, daß es mein seliger Vater zugeben[327] würde. Als ich aber seine Antwort bekam, darinn er setzete, er hätte viele Ursachen, jetzo in seinen Alter mich nicht so weit von sich zu lassen, und hätte noch nie sich *resolvir*en[328] können, ausserhalb seinem Stande ein Kind heyrathen zu lassen, doch wüste er nicht, wie er den Willen GOttes wiederstreben solte; Da gieng mirs zu Hertzen, und dachte, es muß von GOtt seyn, weil meines Vaters Hertz über alles Vermuthen also gerühret war. Er stellete es in meinen Willen, welches ich aber nicht annehmen wolte, sondern es seinem Willen gantz überließ. Mein Schwager der von Darfelt, so am Hanauischen Hofe Hof=Meister, war sehr darwieder, aber mein Sel. Vater antwortet ihn sehr Christlich, daß es nicht fein wäre, daß wir in der Evangelischen Religion die Geistlichen so geringe achteten, da die in der Päbstischen falschen Kirchen ihre Geistliche so hoch hielten, imgleichen, so schickete sich seine Tochter vor keinen Weltmann,[329] sie heyrathete nicht aus Leichtsinnigkeit aus ihrem Stande, das wäre jedermann bekannt, GOtt hätte mich zu solchen Stande beruffen. Damit musten sie stille sein, und mein seliger Vater gab das Ja von sich. Darauf mein lieber Mann

326 Johann Wilhelm Petersen wandte sich an Spener und Schütz mit der Bitte, Johanna Eleonora zur Eheschließung zu bewegen. Den Vater kannte er von einer Begegnung auf Schloss Philippseck, wo er einst als Prediger zu Gast war; vgl. *J. W. Petersen*: Leben, 1717, S. 50.

327 Gutheißen.

328 Entschließen.

329 Gegensatz zu einem Geistlichen.

nach Franckfurt reisete, und unsere Trauung am 7. *Septembr[is] 1680.* von *D[octor]* Spener geschahe,[330] in Beyseyn Ihro Durchl[aucht] der Fürstin von Philippseck,[331] meines seligen Vaters, und einiger vornehmer Leute,[332] so ungefehr 30. Personen, und alles so Christlich und wohl abgieng, daß jedermann vergnügt war; Es kunte aber der Läster=Teuffel auch seine Tück nicht lassen, sondern verdroß seine Werckzeuge, daß es nicht nach der Welt=Art, mit Fressen, Sauffen, und wilden Wesen vollbracht wurde. Da erdachten sie solche Lügen, nemlich, es hätte sich der Heil. Geist in dem Gemach, da wir getrauet wären worden, in Feuers=Gestalt[333] sehen lassen, da hätten wir die Offenbahrung Johannis, (darinnen ich damahls das Licht[334] nicht hatte, was ich jetzo aus seiner Fülle habe, und die Gerichte GOttes, und darauf folgende Herrlichkeit für seiner Kirchen allhier auf Erden mit grosser Gewißheit erkenne, welches zur Vergeltung der Schmach, die wir um CHristi willen erlitten) ausgeleget. Und solche Lügen wurden gegen H[er]rn *Doct[or]* Heiler[335] erzehlet, welcher aber selbst auf unser Hochzeit gewesen, so

330 Spener spricht in seiner Traupredigt über die ungleiche Verbindung, die Christus mit der gläubigen Seele eingeht; er bezieht sich damit auf die nicht standesgemäße Eheschließung der Petersens und rechtfertigt diese; vgl. *Spener*: Die vereinigung CHristi mit seiner Kirche und jeglicher glaubigen Seele: Auß den worten des Hocherleuchteten Apostels Pauli *Ephes. V, 32*: Das geheimnus ist groß / ich sage aber von CHristo und der Gemeine. […]. Frankfurt: Johann David Zunner, [1680]. Vgl. auch die kommentierte Ausgabe von Speners Predigt sowie das Nachwort dazu in: Geschlechtlichkeit und Ehe im Pietismus, hg. von *Wolfgang Breul* und *Stefania Salvadori,* Leipzig 2014 (EPT, 5), S. 7–42, 229–272, bes. 240.

331 Anna Elisabeth von Hessen-Homburg (s. Anm. 288).

332 Personen aus der Hofhaltung der auf Philippseck residierenden Fürstin; vgl. *Matthias*: Petersen (wie Anm. 1), S. 126 Anm. 56.

333 Anspielung auf Apk 4,5.

334 Die Erkenntnis.

335 Günther Heiler war von 1679 bis 1682 Superintendent im benachbarten Hanau; vgl. *Matthias*: Petersen (wie Anm. 1), S. 126 Anm. 56.

denen unwissend, die es erzehleten; Als er aber solches wiederspricht, mit Vermeldung, daß er selbst gegenwärtig gewesen, und nicht anders als Christlich und wohl zugegangen wäre, haben sie sich ihrer Lügen schämen müssen.

§. 27. Als wir aber von Franckfurt wegzogen,[336] ward beliebet meiner Schwester Tochter mitzunehmen, weil sie nicht gerne von mir wollte. Als wir aber auf der Reise waren, und in Amsterdam kamen, wurde mein lieber Mann sehr kranck, und wolte wegen seines Ammts doch nicht stille liegen bleiben, sondern giengen zu Schiffe, damit er bald bey seiner Gnädigsten Herrschafft und Gemeine seyn möchte, da er denn die gantze Reise sehr kranck war, auch wurde meine kleine Base[337] kranck, also, daß ich unter den beyden Krancken gantz alleine war an solche Oerter, da ich niemand kennete. Da wolte mirs sehr schwer ankommen, und gedachte, ich habe ja nicht nach eigenen Willen oder Gutdüncken gefreyet,[338] warum gehet mirs dann also, daß ich hie in fremden Orten weder Hülffe noch Rath weiß? Als wir aber in die Mittags=Herberge kamen, bekam ich meinen lieben krancken Mann auf eine Banck, und gieng aufs Feld allein, weinend zu meinem GOTT,[339] und bat ihn um seine Hülffe, da ward ich

336 Das Ehepaar Petersen trat um die Mitte des Monats September 1680 die Reise nach Eutin an, wo Johann Wilhelm seine Anstellung hatte. Der Weg führte per Schiff den Rhein hinunter in die Niederlande (Leiden, Rotterdam, Utrecht, Amsterdam, Franeker, Groningen), wo J. W. Petersen mit verschiedenen Theologen zusammenkam, sich austauschen und seltene Bücher erwerben konnte. Von Holland aus reisten die Petersens über Emden, Bremen, Hamburg nach Lübeck, wo sie bei Johann Wilhelms Eltern Halt machten; vgl. *J. W. Petersen*: Leben, 1717, S. 52.

337 Unspezifische Bezeichnung für eine weibliche Verwandte außerhalb der Kernfamilie, hier: Nichte.

338 Geheiratet.

339 In Anlehnung an Gen 24,63 und Ez 39,5; vgl. auch Anm. 82.

gantz getrost, in Erwegung der Worte Hebr. 11, 17. Da Moses sich an dem gehalten, den er nicht sahe, als sähe er ihn;[340] Da dachte ich, bin ich gleich im fremden Lande, so ist doch GOTT allhier, und wird dir nicht mehr auflegen, als du ertragen kanst.[341] Als wir aber nach Lübeck kamen, wurde der *Doctor* gefordert, welcher vermerckete, daß ich todt=kranck war, und wuste es nicht, ob ich gleich offt vor Mattigkeit umfiel, so war mir doch die Bedienung meines lieben Mannes so angelegen, daß ich mich vergaß, bis der *Doctor* kam, und die Gefahr vorstellete, da ich ins Bette gebracht, und hefftig kranck war; Ich wurde aber ehe wieder gesund, als mein lieber Mann, welchen ich offtmahls als einen lieben Isaac dem HErrn übergeben muste,[342] und ein gantz Vierthel=Jahr zwischen Furcht und Hoffnung stund. Hernachmahls wurden viele Lügen von mir an diesen Orte ausgesprengt, und viele Ursachen erdacht, warum ich ausser meinen Stand gefreyet; da einige sagten, daß ich mich übel bey Hofe verhalten, andere erdachten sonst böse Dinge, und gabens vor Warheit aus. Ja es kamen auch solche Lügen vor unsere gnädigste Herrschafft,[343] da die liebe Hertzogin so Christlich thäten, und an Dero Fr[au] Schwester der regierenden Hertzogin von Gotha[344] schrieben, um die Warheit zu erfahren. Welche mich denn sehr wohl kenneten, und wusten, wie ich mich zu Hofe verhalten,

340 Vgl. Hebr 11,27 mit Anspielung auf Ex 33,18–23.

341 Vgl. Ps 68,20 und 1Kor 10,13.

342 Vgl. Gen 22.

343 Gemeint sind der Lübecker Herzog und Fürstbischof August Friedrich von Holstein-Gottorp (1646–1705) und dessen Frau Herzogin Christina geb. von Sachsen-Weißenfels (1656–1698). Johanna Eleonora Petersen hat der Herzogin den zweiten Teil ihres 1689 erschienenen Erbauungsbuches *Gespräche des Hertzens mit GOTT* gewidmet.

344 Magdalena Sibylle von Sachsen-Gotha geb. von Sachsen-Weißenfels (1648–1681).

die gaben ein sehr gnädiges Zeugniß von mir, und war kurtz vor ihren Tode,[345] da Sie meine Unschuld so Fürstlich bezeuget haben, welches ihnen vor dem Angesicht des HErrn nicht wird vergessen werden ewiglich; Welches Ihro Durchl[aucht] erst hernach gegen meinen lieben Mann sagten, als sie obgedachten Brief von meiner Unschuld empfangen. Darnach erdachten sie eine neue Lügen, und brachten heimlich aus, als ob meiner Schwester Töchtergen, davon droben gemeldet, mein Huren=Kind, und das wäre die Ursache, daß ich aus meinem Stand geheyrathet; Man konte aber nicht erfahren, wo solche Lästerung herkommen war, ich aber priese meinen GOtt, weil ich wuste, was er meiner Seelen gethan, daß er mir von Jugend auf ein keusches Hertz gegeben, daß ich in Demuth meines Hertzens wohl sagen kan, daß ich nicht allein meinen ledigen Stand in Jungfreulicher Keuschheit zugebracht, sondern auch durch GOttes Gnade meinen Ehestand mit keuschem Hertzen führe, daß ich also auch diese Lästerung mit Freuden erduldet,[346] und ist fast nicht nöthig, solches zu entschuldigen, weil es gar leicht zu erfahren ist, da ihre Eltern noch beyderseits im Leben und zu Praunheim, nur eine Stunde von Franckfurt wohnen, auch der Pastor noch lebet, der sie getaufft,[347] und die Fräulein von Salms=Rädelheim,[348] so ihre Tauff=Pate, auch noch leben, und nur eine halbe Stunde von Rädelheim ab ist;[349] Auch könte der Liebhaber der Wahrheit genauere Nachricht bekommen, indem der Hertzogin von Ratzeburg ihre Fr. Schwester

345 Sie starb am 7. Januar 1681 in Gotha.

346 Anklang an Hebr 10,34.

347 Sie war vom Praunheimer Pastor Johannes Harpf getauft worden; vgl. *Albrecht*: Petersen (wie Anm. 3), S. 343 Anm. 803.

348 Comtesse von Solms-Rödelheim.

349 Von Rödelheim entfernt ist.

zu Philipseck[350] meinen Schwager und Schwester, als Vater und Mutter dieser obgedachten Jungfer von Praunheim, so bey mir gewest, sehr gnädig kennen, und den ältesten Sohn vor Page bey sich am Hofe gehabt, da sie, die gedachte Jungfer, das zweyte Kind ist. Der HErr vergebe ihnen auch diese Lügen und gebe, daß ich mich von gantzem Hertzen freuen möge über alles, was mir von der Welt um meines Heylandes willen geschiehet. Denn ich weiß, daß ichs um seiner heiligen Nachfolge willen leyde, weil zuvor gerühmet worden, als ich nur eine Hörer= und noch keine Thäterin war, da ich nun gelästert werde von der Stunde an, als ich von Hertzen begehrete zu thun, was vor dem HErrn wohlgefällig ist,[351] so kan ich mich ja billig[352] freuen, und freue mich auch des HErrn, nicht daß mir wohlgefiele, daß andere in Sünden fallen, und sich um ihres Nächsten willen an GOTT verschulden, nein, dafür habe ich offt den HErrn geflehet, daß es ihnen möge vergeben werden,[353] da mir ja dadurch so viel gutes geschehen, daß ich zu meinen GOTT genahet,[354] so möchte doch seine Barmhertzigkeit sie ergreiffen. Ja ich habe offt die Liebe der Feinde[355] so eigentlich durch Gottes Gnade geschmecket,[356] daß ich sie wohl hätte in mein Hertz fassen, und in GOtt tragen wollen, so inniglich ist meine Liebe gewest, da ich erkannte, daß ich mehr Nutzen von ihnen gehabt, als

---

350 Sibylle Hedwig von Sachsen-Lauenburg (1625–1703), verheiratet mit ihrem Cousin Franz Erdmann von Sachsen-Lauenburg (1629–1666).

351 Anklang an Dtn 12,28 und Eph 5,10.

352 Angemessen, richtig.

353 Anspielung auf Lk 23,34.

354 Nähergekommen bin.

355 Anspielung auf Mt 5,44 und Lk 6,27f.

356 Bereits im Barock beliebter geschmacksmetaphorischer Terminus, zurückgehend auf biblischen Sprachgebrauch (Ps 34,9, 119,103; 1Petr 2,3) und mittelalterliche Mystik; vgl. *Langen*: Wortschatz (wie Anm. 4), S. 296f.

von meinen liebsten Freunden. Aber es ist nicht eine Stunde, wie die andere,[357] und mag offt geschehen, daß mans im ersten Augenblick nicht mit solcher Liebe empfindet, was uns unrecht wiederfähret, zumahl, wenn man eine Zeit=lang solcher Leyden entwohnet, und still gewesen, so muß man offt aufs neue lernen, wie man die Feinde lieben,[358] und alles von der Hand des HErrn annehmen[359] soll, wie mir offt geschehen, daß ich allemahl wieder dahin kehren, und genau erforschen müssen die Heilsamkeit dieses oder jenen Leydens, ehe ichs habe also annehmen, und mit Freuden ertragen können.[360]

§. 28. In meinem Ehestand nun, ist mir, nach der ersten Züchtigung,[361] viel Gutes von der Barmhertzigkeit meines GOttes wiederfahren, daß ich nicht allein eine gesegnete und friedliche Ehe, und einen solchen lieben Ehegatten habe, der mir ungemeine Liebe und Treue erzeiget, sondern bin auch mit Leibes=Frucht gesegnet worden, daß ich meinen lieben Mann zween Söhne gebohren, davon der Erstgebohrne noch im Leben,[362] und

357 Mögliche Anspielung auf Dan 2,21 oder Pred 3.
358 Anspielung auf Mt 5,44 u. Lk 6,27f.
359 Vgl. Hi 2,10.
360 Anklang an 1Petr 4,13.
361 Strenge Erziehungsmaßnahme, Disziplinierung; oft im Sinne einer Züchtigung von Gott.
362 Beide Geburten fallen in die Eutiner Zeit: Am 2.8.1682 wurde der erste Sohn August Friedrich geboren (gest. 1732), so benannt nach dem fürstbischöflichen Landesherrn August Friedrich von Holstein-Gottorp, in dessen Dienst J.W. Petersen damals stand (vgl. *J. W. Petersen*: Leben, 1717, S. 64). Anders als sein Vater schlug der Sohn keine theologische Laufbahn ein, sondern die eines höheren Beamten und wurde königlich-preußischer Legationssekretär und Kommissionsrat in Magdeburg, wo er auch eine Familie gründete. Er wurde 1711 nobilitiert und erhielt den Namen von Greiffenberg; vgl. *Matthias*: Petersen (wie Anm. 1), S. 129f.; *Albrecht*: Petersen (wie Anm. 3), S. 118 Anm. 517, S. 119. Ein zweiter Sohn; der den Namen Ignatius erhalten sollte, kam tot zur Welt; vgl. *J. W. Petersen*: Leben, 1717, S. 62.

verhoffentlich ein treuer Diener JEsu Christi werden wird, weil er ein Sohn der Verheissung,[363] und so manches sich vor seiner Geburth begeben, da nicht allein ein Jahr vor seiner Geburt ich den Ort Röm. 9,9. meinem lieben Mann im Glauben in der Bibel aufschlug, da wir in Hollstein bey einem Pastorn waren,[364] und den rechten Daumen auf den Worten hatte:[365] das ist ein Wort der Verheissung, um diese Zeit übers Jahr will ich wieder kommen, und Sara dein Weib soll einen Sohn haben.[366] Da nahm mein lieber Mann solchen Spruch im Glauben an, und schrieb auf des Herrn Pastorn Tisch: Übers Jahr um diese Zeit soll Johanna einen Sohn haben. Als aber ein halbes Jahr vorbey war, hatten wirs vergessen, und dachten, daß es durch des Pastorn Liebste, welche gesegnet war, wäre erfüllet worden. Als aber noch 20. Wochen vor dem Jahr übrig waren, fügte sichs, daß wir früh aufstehen wolten, und mein lieber Mann den Seegen über mich sprach: Da bewegte sichs so empfindlich in meinen Leibe, als ob es hüpffete.[367] Da sprach ich, der liebe GOtt hat mich gesegnet, und lobten zusammen unsern GOtt, erinnerten uns des aufgeschlagnen Sprüchleins, und wur-

---

363 Vgl. Röm 9,9.

364 Es handelt sich um den mit den Petersens befreundeten und damals ebenfalls frisch verheirateten Johann Christoph Linekogel (1681–1717), Pfarrer im holsteinischen Giekau; vgl. *J. W. Petersen*: Leben, 1717, S. 59f.; *Matthias*: Petersen (wie Anm. 1), S. 131.

365 Die Verfasserin bezieht sich hier auf die im Pietismus beliebte Praxis des Däumelns, wonach eine zufällig aufgeschlagene Bibelstelle als direkter Zuspruch Gottes auf die eigene persönliche Situation gedeutet wird. Vgl. auch *Thomas Hahn-Bruckart*: Bibel, in: Pietismus Handbuch (wie Anm. 47), S. 420–427, hier 425; *Shirley Brückner*: Die Providenz im Zettelkasten. Divinatorische Lospraktiken in der pietistischen Frömmigkeit, in: Geschichtsbewusstsein und Zukunftserwartung in Pietismus und Erweckungsbewegung, hg. von Wolfgang Breul und Jan Carsten Schnurr, Göttingen 2013 (AGP, 59), S. 351–366, bes. S. 353.

366 Röm 9,9; Paulus zitiert Gen 18,10.

367 Anklang an Lk 1,41.44.

den gewahr, daß die Geburth unsers Sohnes eben mit Verfliessung des vorgedachten Jahrs vorfallen würde, und glaubeten auch, daß es ein Sohn seyn würde, weil es so eigentlich eintraff. Als er aber zu der bestimmten Zeit, und sehr klein gebohren war, und nur einen Tag alt, hub er sein Haupt in der Wiegen auf,[368] und sahe rings umher, hat auch manch gutes Merckzeichen von sich gegeben, also, daß wir hoffen; daß es ein Sohn der Verheissung seyn soll. Es sind einige, die sich an diese Worte gestossen, und gemeynet, ich hätte aus mir etwas besonders machen wollen, da doch nichts anders in meinem Hertzen gewesen, als das, was man von einem jeden Kinde GOttes sagen kan, daß er mit Isaac ein Kind der Verheissung sey; wohin es auch der Apostel im Briefe an die Galater im IV, 28. auf sich und seine Brüder *appliciret*,[369] und saget: Wir aber lieben Brüder sind Isaac nach der Verheissung Kinder,[370] welches wir auch von unserm Sohn gehoffet haben.[371]

---

368 Das Beteuern von außergewöhnlichen, insbesondere von frühreifen Verhaltensweisen eines Kindes ist ein hagiographischer Topos zur Beschreibung eines heiligen Kindes.

369 Angewendet, übertragen.

370 Gal 4,28.

371 Der Abschnitt („Es sind einige […]“ bis „gehoffet haben.“), in dem sich die Verfasserin auf kritische Stimmen Dritter bezieht, wurde erst nachträglich, im Zuge der Überarbeitung und Erweiterung der Autobiographie zur Fassung von 1718 beigefügt. Er kann als Reaktion u. a. auf Feustkings Ausführungen in dessen 1704 erschienener Schmähschrift *Gynaeceum haeretico fanaticum* verstanden werden. Johann Heinrich Feustking (1672–1713) bezieht sich darin ausdrücklich auf die von der Verfasserin geschilderten Begebenheiten im Zusammenhang mit ihrer Schwangerschaft und der Geburt ihres ersten Sohnes und kritisiert unter anderem das „Prophetische auffdäumeln“ im Umgang mit der Bibel und die daraus gezogenen Schlüsse (vgl. *Johann Heinrich Feustking*: Gynaeceum haeretico fanaticum […]. Nachdruck der Ausgabe von Frankfurt und Leipzig: Zimmermann, 1704, München 1998, S. 458–482, hier 465f.). Vgl. auch *Albrecht*: Petersen (wie Anm. 3), S. 86f. u. 86 Anm. 316.

§. 30.[372] Über diß hat der gütige GOtt mir so viel Gutes an meiner Seelen gethan, und sein theures Wort[373] also aufgeschlossen, absonderlich die Propheten, und die geseegnete Offenbahrung, welche ein Schlüssel ist der Propheten, und durch die Propheten recht aufgeschlossen wird, und thut mir täglich sehr viel Gutes an Seel und Leib; also daß ich sagen kan: Der HErr hat grosse Ding an mir gethan;[374] Es ist gut sich auf den HErrn verlassen,[375] denn er ist treu und warhafftig,[376] er wird mir auch inskünfftige beystehen, und das Gute, so er in mir angefangen, vollführen, biß auf den Tag JEsu Christi.[377] Getreu ist Er, der es verheissen hat, welcher wirds auch thun.[378]

§. 31. Biß hieher habe ich vor einigen Jahren an das Tractätgen: Hertzens=Gespräch mit GOtt genannt, auf guter Freunde Begehren, meinen Lebens=Lauff hinten an drucken lassen,[379] wo mich die leitende Hand GOttes von meiner Jugend an geführet, und wie mich der HErr auf mancherley Weise in meinen ersten Jahren zu sich gezogen.[380] Nun habe ferner hiebey fügen wollen, wie der treue GOtt mir nach und nach seine Geheimnisse

372 In der Zählung der Paragraphen fehlt die Nummer 29. Es dürfte sich um ein Druckversehen handeln, das sich im Zuge der Erweiterung der Autobiographie zur Fassung von 1718 ergeben hat, als die Nummerierung der Paragraphen erst vorgenommen wurde.

373 Anklang an 1Tim 1,15.

374 Vgl. Lk 1,49.

375 Anklang an Ps 118,8.

376 Vgl. Dtn 32,4; Jes 25,1; Apk 19,11.

377 Vgl. Phil 1,6.

378 Anklang an 1Thess 5,24. Ende des autobiographischen Berichts *Eine kurtze Erzehlung* (1689, 1694, 1715), den Petersen in ihre Lebensbeschreibung (1718, 1719) aufgenommen hat, s. Editorische Notiz.

379 Die Verfasserin bezieht sich hier explizit auf ihre 1689 erstmals erschienene *Kurtze Erzehlung*.

380 Vgl. S. 7, den Anfang von Paragraph 1.

aufgeschlossen,[381] und mich offte damit erquicket, daß ich dadurch von der Welt=Liebe ab, und zu seiner GOttes=Liebe gezogen worden. Von solchen Aufschlüssen werde ich in diesem Anhange reden, und die Trübsalen, die mir von meinem undanckbahren Schwager,[382] und von andern Lästerern, deren Lästerungen mir nicht geschadet, sondern mir an jenem Tage eine Crone[383] seyn werden, begegnet, vorbey gehen, weil mein lieber Eh=Herr wohl einige in seinen Lebens=Lauff erwehnet, und da mir alle das Leiden, so mir begegnet, vielen Nutzen an meiner Seelen geschaffet, so will ich nicht darüber klagen, sondern GOtt dafür preisen, und dessen hier nicht gedencken, sondern nur dasjenige erwegen, wie mich GOtt der HErr so gnädig angesehen.[384]

§. 32. Es hat der treue GOtt mich von meiner frühen Jugend an[385] in einen grossen Kampff[386] gerathen lassen, da ich nicht fassen konte, wie GOtt, der die wesentliche Liebe[387] ist, so viel in die unaufhörliche

381 Anklang an Eph 1,9 und Kol 1,26.

382 Dieser Schwager, Johann Reinhard von Dorfelden, hatte gegen die nicht standesgemäße Verbindung zwischen Johanna Eleonora und Johann Wilhelm Petersen Position bezogen, vgl. S. 61.

383 Vgl. 2Tim 4,8 und Apk 2,10.

384 Anklang an Jer 24,6 und Lk 1,48.

385 Die Verfasserin betont, dass ihr Interesse an eschatologischen Fragen in die Zeit weit vor ihrer Auseinandersetzung mit der Johannes-Offenbarung zurückreicht. Daraus erwuchs später u. a. die Lehre von der Wiederbringung aller Dinge (*Apokatastasis panton*), d. h. von der ausnahmslosen Aufnahme aller Wesen in das Endreich des allbarmherzigen Gottes, die sie mit ihrem Ehemann gemeinsam zu einer festen Überzeugung formte; vgl. *Albrecht*: Petersen (wie Anm. 3), S. 271–285; *dies*: Johanna Eleonora Petersen (1644–1724), in: Pietismus Handbuch (wie Anm. 47), S. 114–121, hier 119; vgl. auch *Elisa Bellucci*: Johann Wilhelm and Johanna Eleonora Petersen's Eschatology in Context, Göttingen 2022 (BERG, 9), bes. S. 60–93.

386 Das Durchstehen eines inneren Kampfes gilt als feste Etappe des idealtypischen Weges in der Nachfolge Christi, vgl. Hebr 10,32.

387 Aus der mittelalterlichen Mystik übernommener, von *essentia* bzw. *essentialis* abgeleiteter Terminus, hier als Synonym für Gott; vgl. *Langen*: Wortschatz (wie Anm. 4), S. 345.

Verdammniß[388] (wie damahls überall geglaubet ward) verdammen solte; ja, die armen Kinder der Heyden, die doch niemahls die Gelegenheit gehabt, GOtt zu erkennen, und solten doch unaufhörlich in solcher Quaal verbleiben, das konte ich nicht fassen, daß solches von der wesentlichen Liebe geschehen könte, und doch lagen mir die Worte im Sinne: Wer nicht glaubet, der wird verdammet,[389] da immer bey mir aufsteigen wolte, das ist ja mehr ein Haß, als eine Liebe. Ich kämpffete aber dargegen in meinem Hertzen, sprechende: Mein GOtt ist die wesentliche Liebe ob ich gleich nicht fassen kan die Dinge,[390] so gegen die Liebe zu seyn mir anscheinen, so soll er doch von mir als die wesentliche Liebe angebetet und geliebet werden. Als ich in solcher Unterwerffung[391] stund, wurde mir aufgeschlossen was *1.Petr. 3, 18. 19.* und *c[aput] 4. 6.*[392] stehet, nehmlich, daß die, so zur Zeit der Sündfluth[393] wegen des Unglaubens dem Leibe nach getödtet,[394] und ihre Geister ins Gefängniß gekommen,[395] aber zur Zeit, da Christus nach dem Fleische am Creutze getödtet, und darauf im Geist lebendig gemacht worden,[396] hingegangen sey, und habe diesen Geistern im Gefängniß das Evangelium geprediget,[397] daß sie gerichtet, nach dem Menschen am Fleisch, aber in Geist GOtt leben.[398] Daraus

---

388 Vgl. Mt 25,31–46.
389 Vgl. Mk 16,16.
390 Topische Bescheidenheitsbezeugung.
391 Die Betonung der eigenen vor Gott gebeugten Haltung ist eine in pietistischen Zeugnissen charakteristische Demutsbezeugung, mit der die Glaubhaftigkeit des Gesagten unterstrichen werden soll.
392 Kapitel, hier 1Petr 4,6.
393 Verbreitete, pseudoetymologische Deutung von ‚Sintflut' (große Flut).
394 Anklang an 2Petr 2,5.
395 Vgl. 1Petr 3,19.
396 Vgl. 1Petr 4,6.
397 Vgl. 1Petr 3,19.
398 Vgl. 1Petr 4,6.

erkannte ich, daß sie müsten durch die Predigt Christi, der in die Gefängnissen hingegangen, gläubig worden seyn, und durch sein Versöhn=Opffer[399] aus der Verdammniß seyn erlöset worden. Worzu mir ferner aufgeschlossen wurde der Ort Zach. *9, 11. 12.*[400] *Du lässest auch durch das Blut deines Bundes aus, deine Gefangene aus der Gruben, da kein Wasser innen ist usw.*[401] Es stund mir aber noch der Ort beym *Matth. c. XII, 31. 32.*[402] entgegen, da Christus saget: *Alle Sünde und Lästerung wird den Menschen vergeben, aber die Lästerung wieder den Geist wird den Menschen nicht vergeben, weder in dieser noch in jener Welt.*[403] Aus den vorigen Schrifft=Oertern wurde ich völlig versichert, daß auch eine Erlösung aus der Höllen sey, und daß das Blut Christi, auch nach dem Tode seine Gültigkeit habe, und alles wieder werde aus der Höllen erlöset werden, ohne die *Sünder in dem Heil. Geist*,[404] und ohne die gefallenen Engel,[405] denn es war mir damahls die Wiederbringung aller Dinge noch nicht offenbar, weil mir die Redens=Art weder in dieser noch in jener Welt bekannt war, und ich mich an dem Wort, *Ewig*, aufhielt, und noch nicht erkannte, daß die Ewigkeiten, derer Ewigkeiten nur ihre gewisse Währungen[406] haben. Doch war ich von meinen harten Kampff befreyet,

399 Anklang an 1Joh 2,2.
400 Sach 9,11f.
401 Vgl. Sach 9,11f.
402 Mt 12,31f.
403 Die Angst, die in Ewigkeit unvergebbare Sünde wider den Heiligen Geist begangen zu haben, ist eine viele Pietisten profund verstörende, einige bis in den Wahnsinn und Selbstmord treibende Vorstellung, thematisiert noch in Georg Büchners Erzählung *Lenz*; vgl. dazu *Hans-Jürgen Schrader*: Literatur und Sprache des Pietismus. Ausgewählte Studien, hg. von Markus Matthias und Ulf-Michael Schneider, Göttingen 2019 (AGP, 63), S. 763–788.
404 Ohne die Sünder wider den Heiligen Geist; vgl. Mt 12,31.
405 Vgl. Mt 25,41.
406 Dauer.

und dachte, daß solche Sünder die unendliche Pein wohl verdienet; und priese nur GOtt, daß er uns Christum JEsum einen solchen grossen Versöhner[407] gegeben, biß mir GOtt nachgehends auch solchen Scrupel dadurch weggenommen, da ich in der Schrifft gefunden, daß alle Creaturen GOtt loben würden,[408] und daß GOtt, wenn Christo alles wieder sey untergeordnet worden, alles in allen sey, und alles neu gemacht seyn würde. *1.Cor. XV, 22. 28. Apoc. V, 13. Apoc. XXI, 5.*[409]

§. 33. Das andere Geheimniß, so mir auch in meinem ledigen Stande aufgeschlossen ward, ist *die noch künfftige Bekehrung der Juden und Heyden,*[410] welches mir der treue GOtt im Jahre *1664.*[411] vermittelst eines Traumes eröffnet. Es träumte mir, daß ich in ein schönes viereckichtes Hauß geführet ward, welches auf die zwölff Apostel gebauet war,[412] also, daß sie das *Fundament* waren, darauf das Hauß stund; in der Mitten des Hauses, nemlich, an dem mittelsten Stockwercke stunden abermahl die zwölff Apostel in rechter Lebens=Grösse um das Hauß herum, daß auf jeder Seit drey stunden, und hatte ein jeglicher ein sonder-

407 Bezeichnung für Jesus in Anklang an 2Kor 5,19 und 1Joh 2,2.

408 Vgl. Apk 5,13.

409 1Kor 15,22.28; Apk 5,13, 21,5.

410 Im Pietismus verbreitete, insbesondere auf Röm 11,25–28 und Apk 20 gestützte Überzeugung, dass die Juden in das verheißene irdische Friedensreich Christi mitaufgenommen werden sollen. Anders als die meisten Pietisten schließt die Verfasserin nicht daraus, dass mit Hinblick auf die endzeitlichen Erwartungen die Bekehrung der Juden als aktiver Beitrag zum Bau des Reichs Gottes vorangetrieben werden sollte; vgl. *Hans-Jürgen Schrader*: Literatur und Sprache des Pietismus (wie Anm. 403), S. 169–204, hier 182f. und 197; vgl. auch: Zwischen Bekehrungseifer und Philosemitismus. Texte zur Stellung des Pietismus zum Judentum, hg. von Peter Vogt, Leipzig 2007 (KTP, 11).

411 Der an dieser Stelle evozierte Traum der Verfasserin fällt somit in den Beginn ihrer Wiesenburger Jahre.

412 Durch Eph 2,20 sowie durch die Bildlichkeit der Offenbarung inspiriertes Traumbild, vgl. Apk 21,14.

bares *Musical*isches *Instrument*. Als ich nun in das Hauß hinein kam, wurden alle diese Stimmen lebendig, daß mein gantzes Hertz darob erfreuet ward. Es thät sich aber das Dach am Hause von einander, und ich kam mit meinem Leibe in die Wolcken zu stehen, da ich fünff Sonnen am Himmel[413] sahe, davon zwo noch keine Strahlen von sich wurffen, aber doch an sich hellgläntzend aussahen, die andern drey aber schienen auf folgende Weise: Eine war hell, hatte aber keine Wärme, gleich wie der Mondschein ohne Wärme ist, die andere schien auch hell, und hatte Wärme; die dritte schien blaß, als eine Sonne, die Regen ziehet, hatte aber auch etwas Wärme. Von diesen drey Sonnen hatte ich im Schlaff meine eigene Gedancken, indem ich solche auf die drey Religionen zog, weil mir damahls noch keine andere *Sect*en[414] bekannt waren, als Lutherisch, Papistisch[415] und Reformiret,[416] da dachte ich, die Sonne, so keine Wärme hat, ist die Papistische Religion, die aber blaß scheinet, die Reformirte, die aber Wärme und Schein hatte, wäre die Evangelische Religion. Als ich aber also bey mir dachte, sahe ich zu meiner rechten Hand eine Person in einem leinen weissen Kleide, einen grünen Krantz um das Haupt, und einen güldenen Scepter in der Hand habend, mit wel-

413 Anklang an Apk 1,12–20, wo dem Visionär sieben güldene Leuchter erscheinen.

414 Vom lateinischen *secta*, *sequor* abgeleitet, in der Bedeutung von ‚Richtung', ‚Weg', ‚Nachfolge'. In philadelphischen Kreisen beliebte, auf die christlichen Kirchen abzielende Bezeichnung, durch die die Bedeutung der Konfessionszugehörigkeit relativiert wird; von orthodox-lutherischer Seite kritisiert, vgl. die Rezension der Lebensbeschreibung Johanna Eleonora Petersens in den *Unschuldigen Nachrichten* (Leipzig 1718 /2, 4. Ordnung, S. 678): „Sie [J. E. P.] bildet sich ein, durch diese Lehre, und die ander von der Wiederbringung, würden die Lutherischen und Reformierten vereinigt werden. Sonst nennet sie etliche mahl die Evangel[ische] Lutherische Religion eine Secte, p. 50, 62."

415 Römisch-katholisch.

416 Calvinistisch oder zwinglianisch reformiert.

chen er auf die beyden Sonnen wieß, so noch keine Strahlen von sich wurffen, zu mir sprechende: Wilt du das Geheimniß der beyden Sonnen wissen? Und als ich in Niedrigkeit meines Hertzens[417] mit ja antwortete, sagte er mir, daß dadurch zwey Völcker angedeutet würden, die noch nicht an Christum glaubeten, aber doch noch würden gläubig werden, das eine wäre das jüdische Volck, das andere das Volck der Heyden, absonderlich die, so von den Kebs=Weibern Abrahams[418] gezeuget wären. Er legte mir davon solche tieffe Geheimnisse aus, daß ich im Schlaff erkannte, daß es was merckliches[419] wäre, und mich mit Gewalt zu ermuntern suchte; aber es gieng solches schnell, wie ein Blitz weg, und ich behielt nur so viel, als hier davon aufgeschrieben, von den andern drey Sonnen sagte er gar nichts. Ich habe nachmahls in der heil. Schrifft nachgeforschet, und einen Aufschluß von der Bekehrung der Juden und Heyden bekommen, davon ich zuvor nicht gehöret noch gewust, daß solche Bekehrung noch zu hoffen wäre. Insonderheit bin ich aus Röm. *11, 25.*[420] und *c[aput] IV, 13.*[421] daß der Abraham solte der Welt=Erbe seyn,[422] bekräfftiget worden. Von unterschiedlichen Geist=reichen Lehrern,[423] denen ich diesen Traum dazumahl erzehlet, ward ich versichert, daß es ein göttlicher Traum gewesen.

---

417 Für den pietistischen Sprachgebrauch bezeichnende, auf biblischer Grundlage beruhende Metapher, um die demütige Haltung vor Gott auszudrücken (Spr 16,19, Mt 18,4, Phil 2,8).

418 Nebenfrauen Abrahams, vgl. Gen 21f.

419 Etwas Bemerkenswertes, etwas Besonderes.

420 Röm 11,25.

421 Kapitel. Röm 4,13.

422 Vgl. Röm 4,13.

423 Buchstäblich zu verstehen als vom Geist erfüllte, aus göttlicher Vollmacht redende Autoritäten; gemeint sind pietistische Wortführer. Laut brieflicher Aussagen der Verfasserin hat sie sich mit ihrem Traum an Spener sowie die Theologen Johann Michael Dilherr (1604–1669) und Martin Geier (1614–1680) gewandt; vgl. *Albrecht*: Petersen (wie Anm. 3), S. 51.

§. 34. Vors dritte ist mir in meinem ledigen Stande der *Articul*[424] von *der Rechtfertigung* aus den Schrifften des Apostels Pauli[425] durch Erweckung und Gelegenheit folgendes Gesichts[426] aufgeschlossen worden. Ich sahe in Traum den Apostel Paulum, von kleiner aber sehr annehmlicher Gestalt, der hatte ein grosses Licht in seiner Hand, als ich ihn aber starck ansahe, reichete er mir auch ein Licht dar, und sprach zu mir, ich solte ihm nachfolgen; darauf kamen wir auf eine schöne grüne Wiese, woselbst Creutz=weise viele Stricke gezogen waren,[427] darüber ich ihme folgen muste. Dieser Gang kam mir in Anfang sehr mühsam vor, ward mir aber im fortgehen immer leichter, biß alle solche Stricke vorbey waren, da sahe ich auf der Wiesen einen schönen grünen Baum, über welchen ein Engel war, in der Hand ein groß vergüldetes *Pocal,*[428] mit Wein angefüllet, haltend, so er mir, um daraus zu trincken, darreichte, welches ich auch that, und davon solche Krafft bekam, daß mir im aufwachen, das Hertz davon recht war erquicket worden. Hieraus erkannte ich, daß ich die Schrifften Pauli fleißig solte lesen, welches ich mir dann auch vorsetzte, und es durch GOttes Gnade ins Werck richtete. Da ich nun die Epistel an die Römer und an die Galater betrachtet, und durchgegangen, lernte ich erkennen, daß es die pur lautere Gnade GOttes sey, durch welche wir im Glauben an Christum JEsum gerecht werden,[429] und die ewige Seeligkeit erlangen, und daß man bey diesen *Articul* der

424 Glaubensartikel im Sinne von Glaubensaussage.
425 Vgl. insbes. Röm 3,22–28.
426 Traumgesicht.
427 Anspielung an die Fallstricke des Teufels, vgl. 1Tim 3,7, 6,9 und 2Tim 2,26.
428 Neutrum (bis ins 19. Jh.), in Ableitung vom lat. *poculum*: Becher, Trinkgefäß.
429 Vgl. Röm 3,24 und Gal 3,24.

Rechtfertigung zur Rechten und zur Lincken sich vergehen, und der göttlichen Warheit verfehlen könne.[430] Zur Rechten, da man mit Wercken umgehet, und zuvor einen Heiligen zu Christo bringen will, ehe man seine Gerechtigkeit durch den Glauben ergriffen:[431] Zur Lincken, da man bey seinem alten sündlichen Leben sich der Rechtfertigung anmasset,[432] und die Gnade vergeblich empfähet[433] und auf Muthwillen ziehet.[434] Da erkannte ich, daß uns GOtt zwar, wann wir seine Gnade in Christo JEsu suchen, und ihn ergreiffen, als Gottlose annimmt, aber nicht gottloß lässet, sondern gerecht und heilig machet, daß wir der Sünden absterben, und der Gerechtigkeit leben sollen.[435] Diese heilige Warheit ward mir aus Pauli Schrifften recht Sonnen=klar, und bekam dahero auch eine Liebe zu der Lehre Lutheri, der in diesem Punct mit Paulo sehr einstimmig ist, hingegen einen rechten Abscheu vor der Päbstlichen Lehre (von der ich von Jugend auf in Furcht und Gefahr gestanden, wegen meiner Anverwandten, die in solcher Lehre stunden) welche dieser heiligen Warheit gantz entgegen ist.

§. 35. Sonst sind mir in meinem Ehestande noch nachfolgende Geheimniß aufgeschlossen worden. Im Jahre *1685.* bekam ich aufs erste den Aufschluß der heiligen Offenbahrung JEsu Christi,[436] da ich niemahls Gedan-

430 Vom rechten Weg abweichen und in irrtümliche Lehrmeinungen geraten.

431 Vgl. Röm 3,20 und Gal 2,16.

432 Vgl. Röm 6,15.

433 Empfängt; vgl. 2Kor 6,1.

434 Sich nach eigenem Belieben verhält, ohne nach Recht oder Unrecht zu fragen.

435 Vgl. Röm 6,2 und 1Petr 2,24.

436 Die im Folgenden geschilderte Begebenheit von der Entdeckung und dem Verständnis der Offenbarung des Johannes, die bei der Verfasserin und ihrem Mann gleichzeitig und unabhängig voneinander erfolgt sein

cken darauf gehabt, sondern solches grosse Buch immer vorbey gegangen, meynende, daß ich nichts daraus verstehen könte. Als ich aber einsmahls in mein Kämmerlein gieng,[437] und die Bibel in die Hand nahm, mir ein Sprüchlein darinn aufzuschlagen,[438] bekam ich gleich in meine Augen die Worte *Apoc. I, 3. Seelig ist, der da lieset, und die da hören die Worte der Weissagung, und behalten, was darinnen geschrieben ist, denn die Zeit ist nahe;* Diese Worte giengen mir sehr tieff ins Hertz, denckende, du hast das Buch der heiligen Offenbahrung so zurück gesetzet, und vorbey gegangen,[439] und sind doch solche grosse Dinge darinnen; und ob sich gleich eine Entschuldigung bey mir fand, daß ich es darum vorbey gegangen, weil ich den Inhalt nicht verstünde, so kam mir doch ins Gemüthe,[440] es wären doch grosse Verheissungen in solchem Buche, und auch grosse Bedrohungen, so würde der treue GOtt mir die Gnade geben, verstehen zu lernen, was ich zu thun, daß ich solcher Verheissungen möchte theilhafftig werden, und zu fliehen, was mich in solche Gerichte stürtzen könte.[441] In solcher Erwegung fiel ich nieder vor GOtt, ihn mit innigen Seufftzen an-

---

soll, steht bereits im Vorbericht zu ihrem Traktat *Einige Send=Schreiben / Betreffende die Nothwendigkeit Verschiedener bißher von den meisten Gelehrten in Verdacht gezogener Lehren / Sonderlich in diesen letzten Zeiten / da die Zubereitung zur Hochzeit des Lammes / mit so größerem Eyfer und Fleiß geschehen soll* […], dessen erster Teil an ihre Schwestern adressiert ist. Das Traktat ist in einer auf das Jahr 1714 datierten Ausgabe überliefert; vgl. *Albrecht*: Petersen (wie Anm. 3), S. 317.

437 Die eigene Kammer als Ort des Rückzuges zum Gebet und zu individueller Lektüre, vgl. auch Anm. 82 sowie *Albrecht*: Petersen (wie Anm. 3), S. 103f. Anm. 425.

438 Kann als Hinweis auf die Praxis des Däumelns verstanden werden, vgl. Anm. 365.

439 Übergangen.

440 Biblisch geprägter (Röm 7,23) und im pietistischen Sprachgebrauch geläufiger Terminus zur summarischen Benennung göttlicher Impulse der Gefühlswahrnehmung.

441 Anspielung auf Apk 28,18f.

flehende,[442] mir die Augen des Verständnisses[443] also aufzuschliessen, daß ich seinen allerheiligsten Gottes= Willen daraus erkennen, und als eine wahre Thäterin nach seinem Wort mich allezeit möchte finden lassen. Als ich nun vom Gebeth aufgestanden, nahm ich mir vor, solches gesegnete Buch zu lesen,[444] hatte aber nicht die geringste Gedancken, daß mir alsofort solte was aufgeschlossen werden, als ich aber anfieng zu lesen, wurde mir zu Muthe, als ob mein Hertz mit dem Lichte GOttes gantz durchdrungen worden,[445] und verstund alles, was ich laß, auch giengen mir so viele

---

442 Anklang an Apk 22,8.

443 Von der Mystik beeinflusste, für den pietistischen Sprachgebrauch bezeichnende Wortverbindung (vgl. *Langen*: Wortschatz [wie Anm. 4] S. 368–370), mit der z. B. Spener die Vorrede zu den *Pia Desideria* eröffnet, vgl. *Spener*: Pia Desideria (wie Anm. 14), S. 124.

444 Das der Lektüre vorangehende Beten um Erkenntnis, wie es hier angesprochen wird, gilt als fester Bestandteil der Vorbereitung auf das Lesen in der Bibel und wird von pietistischen Wortführern in Form von Anleitungen explizit gefordert, so z. B. von Spener in einem auf das Jahr 1689 datierten Brief an seine Tochter: „Was du aber liesest liese mit vorhergehendem Gebet, mit Ehrerbietung vor Gott, und mit fleißiger Achtgebung auf alle Worte Gottes.“ (Philipp Jacob Speners Lehrreiche Zuschrift an seine Frau Tochter, Von den nöthigen Pflichten Einer ieden sonderlich aber einer Priester=Frau […], in: *Philipp Jakob Spener*: Kleine Geistliche Schriften, hg. von Johann Adam Steinmetz, Magdeburg und Leipzig 1735, Nachdruck: Philipp Jakob Spener: Schriften, hg. von Erich Beyreuter, Bd. IX.1.2, Hildesheim u. a. 2000, S. 1235–1246, hier 1236) oder auch von August Hermann Francke (1663–1727) in seinem 1694 erstmals erschienenen Traktat *Einfältiger Unterricht*: „Da muß nun das Gebet das erste sein, und ein Einfältiger auf diese oder dergleichen Art und Weise, ehe er in der Bibel liest, Gott anreden, nicht mit dem Munde allein, sondern mit andächtigem Herzen […].“ (*August Hermann Francke*: Einfältiger Unterricht / wie man die Heilige Schrift zu seiner wahren Erbauung lesen solle, Halle 1995 [Kleine Texte der Franckeschen Stiftungen, 2], S. 2. Erneut abgedruckt in: Pietismus. Eine Anthologie von Quellen des 17. und 18. Jahrhunderts, hg. von Veronika Albrecht-Birkner, Wolfgang Breul, Joachim Jacob u. a., Leipzig 2017, S. 108–111). Zu Spener wie zu Francke pflegte das Ehepaar Petersen den Kontakt, auch wenn Johanna Eleonora in ihrer Lebensbeschreibung Francke an keiner Stelle erwähnt.

445 Aus der Mystik übernommene Formulierung zur Beschreibung des Lektüreerlebnisses als Gotteserfahrung, *Unio mystica*, vgl. *Langen*: Wort-

Schrifft=Oerter auf,[446] so mit der heil. Offenbahrung einstimmig,[447] und als ich solche aufsuchete, bekam ich sie alsofort, dadurch ich sehr beweget und niedrig vor GOtt ward,[448] daß er mir seiner geringen Magd solche Gnade wiederfahren lassen.[449] Ich nahm einen Bogen Papier, und schrieb die Oerter auf, so damit *harmoni*rten, was ich in *Apocalypsi* fand, denckende, es möchte mir wieder entfallen, und als ich solches aufgeschrieben, gieng ich damit zu meinem lieben Mann, sprechende: Siehe, was mir der liebe GOtt in der heiligen Offenbarung aufgeschlossen. Er nahm den Bogen in die Hand zu lesen, und entsetzte sich darüber, reichete mir seinen geschriebenen Bogen auch dar, so noch naß,[450] und eben in derselben Stunde war geschrieben worden, darinnen alle die *Fundamenta*[451] zu finden, so in meinen Bogen stunden, und sprach zu mir: Der HErr hats dir so warhafftig aufgeschlossen, als er mir gethan,[452] gehe hin, wir wollen über einige Zeit wieder ein ander zeigen, was uns der HErr ferner aufschliessen wird. Wie es denn auch geschehen, daß, wenn ich ihm etwas zeigete, so mir der HErr eröffnet, er mir wiese, wie ihm solches auch schon wäre aufgeschlossen, dergleichen, wenn er mir was brachte, ich

---

schatz (wie Anm. 4), S. 97. Zur durchdringenden Kraft des Wort Gottes vgl. Hebr 4,12.

446 Verstand ich so viele Bibelstellen.

447 Mit der Johannes-Apokalypse übereinstimmend.

448 ‚Bewegt sein' ist ein im pietistischen Sprachgebrauch geläufiger Ausdruck, um das Einwirken Gottes auf die Seele zu beschreiben; ‚niedrig' (lat. *humilis*) bezeichnet die fromme Gemütshaltung der Demut; vgl. *Langen*: Wortschatz (wie Anm. 4), S. 36 und 212.

449 Vgl. Lk 1,48.

450 Die Tinte, mit der er geschrieben hatte, war auf dem Blatt noch nicht trocken.

451 Grundsätze.

452 Die Schilderung der parallel erfahrenen Offenbarung findet sich auch in J. W. Petersens Lebensbeschreibung. Sie stimmt mit den Ausführungen seiner Frau z. T. wörtlich überein; vgl. *J. W. Petersen*: Leben, 1717, S. 70f.

solches auch schon empfangen hatte. Da erinnerten wir uns des Gesichts im Traum, den ich im Jahr *1662.* im *18*ten Jahre meines Alters gehabt,[453] in welchen ich an dem Himmel mit grossen güldenen Zieffern diese Zahl *1685.* sahe, davon die ersten zwey Zieffern schnell in die Wolcken schossen, die andern beyden Zahlen aber, als *85.* blieben stehen. Zu meiner Rechten sahe ich einen Mann stehen, der deutete auf die Zahl, zu mir sagend: *Siehe, zu der Zeit werden anfangen grosse Dinge zu geschehen,*[454] *und dir soll etwas eröffnet werden.* Wie es auch also richtig eingetroffen; denn *Anno 1685.* ist die grosse Unruhe und Verfolgung in Franckreich entstanden,[455] und in eben demselbigen Jahre ist mir das gesegnete tausend=jährige Reich in der Heil. Offenbahrung JESU CHristi[456] aufgeschlossen worden.

§. 36. Das andere Geheimniß, so mir in meinem Ehestande eröffnet ward, ist *die Wiederbringung aller Dinge*, welches folgender Weise geschahe. Es wurde uns von einem vornehmen Herrn[457] eine geschriebene

---

453 J. W. Petersen gibt Johanna Eleonoras Traumbericht in seiner Lebensbeschreibung wörtlich wieder; vgl. *J. W. Petersen*: Leben, 1717, S. 74.

454 Anspielung auf Apk 12,1 und 16,14.

455 Hinweis auf die Aufhebung des für die Protestanten toleranzgewährenden Edikts von Nantes durch das Edikt von Fontainebleau im Jahr 1685 durch Ludwig XIV. In der Folge davon flohen trotz Auswanderungsverbot über 200 000 Hugenotten aus Frankreich.

456 Vgl. Apk 20,3.7. Der Chiliasmus, d. h. die Lehre von einem den endzeitlichen Ereignissen vorgeschalteten tausendjährigen herrlichen Friedensreich Christi auf Erden gab Anlass zu vielfältigen theologischen Debatten und galt der lutherischen Kirchenlehre als heterodox; vgl. *Heike Krauter-Dierolf*: Die Eschatologie Philipp Jakob Speners. Der Streit mit der lutherischen Orthodoxie um die „Hoffnung besserer Zeiten", Tübingen 2005 (Beiträge zur historischen Theologie, 131), bes. S. 107–120, 121–138, 267–284.

457 Der Übermittler des Traktats war der preußische Oberkammerpräsident Dodo von Knyphausen (1641–1698) (vgl. *J. W. Petersen*: Leben, 1717, S. 297). Er stand mit der englischen philadelphischen Visionärin Jane

Schrifft,[458] so er aus Engeland empfangen, *die acht Welten*[459] genannt, zugeschicket, mit dem Begehren, wir möchten doch unsere Gedancken darüber ihm kund machen, und zwar ein jedes besonders,[460] ich allein, und mein lieber Mann auch alleine. Als ich nun in meinem Gemüthe viel dargegen hatte, auch in solcher Schrifft enthalten, daß in dem acht tausenden Jahre die Wiederbringung der gefallenen Engel zu erwarten stünde, ich aber aus der H[eiligen] Schrifft erkannt hatte, daß in dem acht tausenden Jahre die Stürtzung des gefallenen Engels in dem feurigen Pful erst geschehen würde, und er darinnen würde gequälet werden, in die Ewigkeiten der Ewigkeiten;[461] Denn im sieben=tausenden Jahre, da die Hochzeit des Lammes[462] seyn wird, wird der gefallene Engel im Abgrunde ver-

---

Leade (1624–1704) in Briefkontakt und setzte sich für die Verbreitung ihrer Schriften in Deutschland ein, indem er deren Übersetzung veranlasste und finanzierte; vgl. *Schneider*: Der radikale Pietismus im 17. Jahrhundert (wie Anm. 62), S. 405. Der an Offenbarungsfragen interessierte Knyphausen profilierte sich zudem als Gönner des Ehepaars Petersen, dem er in Magdeburg eine Unterkunft besorgte und finanzielle Mittel zukommen ließ; vgl. *Markus Matthias*: „Preußisches" Beamtentum mit radikalpietistischer „Privatreligion": Dodo II von Innhausen und Knyphausen (1641–1698). In: Der radikale Pietismus. Perspektiven der Forschung, hg. von Wolfgang Breul, Marcus Meier und Lothar Vogel, Göttingen 2010 (AGP, 55), S. 189–209, hier 195 u. 200f.

458 Eine handschriftliche Kopie des unten genannten Traktats. Dass es sich bei diesem Dokument um ein Manuskript handelte, geht auch aus der Lebensbeschreibung J. W. Petersens hervor; vgl. *J. W. Petersen*: Leben, 1717, S. 297 und 354.

459 Traktat Jane Leades, das 1695 in London gedruckt wurde und 1696 in Amsterdam in deutscher Übersetzung erschien, in: *Jane Leade*: Sechs Unschätzbare Durch Göttliche Offenbarung und Befehl ans Liecht gebrachte Mystische Tractätlein, [...] Gedruckt zu Amsterdam / im Jahr unsers Herrn und Heylands Jesu Christi 1696. Abschriften des Traktats waren schon vor der Drucklegung im Umlauf; vgl. *Hans-Jürgen Schrader*: Literaturproduktion und Büchermarkt des radikalen Pietismus. Johann Henrich Reitz' „Historie der Wiedergebohrnen" und ihr geschichtlicher Kontext. Göttingen 1989 (Palaestra, 283), S. 376f. Anm. 52 u. 53.

460 Jeder für sich, gesondert.

461 Vgl. Apk 20,10.

462 Apk 19,7.

schlossen und versiegelt seyn *Apoc. 20, 3. etc.*[463] und nach solchen tausend Jahren muß er wieder eine kleine Zeit loß werden, und seine letzte Boßheit auf Erden ausüben, und dann darauf in den feurigen Pfuhl geworffen werden.[464] Also kam mir diese Sache gantz gegen die Heil. Schrifft zu seyn vor, und dergleichen Schrifft=Oerter waren mehr, so mir entgegen stunden; Als ich aber in mein Bet=Stübchen gieng, und zuvor zu meinen GOTT seuffzen wolte, mir Gnade und Krafft[465] zu verleihen, daß ichs also vorstellen möchte, damit diejenige Person[466] mir keine Erhebung über ihre Gaben zuschreiben, sondern daraus erkennen lernen möchte, daß man die Heil. Schrifft denen *Vision*en vorziehen, und alles genau nach dieser göttlichen Regel prüfen müste. Wie ich denn auch meine Gesichter im Traum nicht zum Grunde der göttlichen Wahrheit setze, ob ich gleich sie für wahre Anleitung halte, wodurch mich GOTT der HERR zur Untersuchung in der Heil. Schrifft hat leiten wollen,[467] siehe! da war mir zu Muthe unter dem Gebete, als ob mir alle Sinnen weggiengen,[468] und ward mit meinem Geist in die *Vollen-*

463 Apk 20,1–3. Gefangenschaft und Ohnmacht des Teufels während des chiliastischen Friedensreichs Christi.

464 Vgl. Apk 20,7–10.

465 Biblisch geprägte Zwillingsformel mit Anklang an 2Tim 2,1.

466 Gemeint ist die philadelphische Visionärin Jane Leade.

467 Die Verfasserin betont, dass der primäre und verbindliche Zugang zur göttlichen Verheißung über die Heilige Schrift erfolge, während sie mystische Gotteserfahrungen als Impulsgeber zu einer intensiven Auseinandersetzung mit dem Bibelwort wertet; vgl. dazu auch die Aussage Johann Wilhelm Petersens in seiner Lebensbeschreibung, wonach ihm und seiner Frau „die *Autori*tät der Schrifft" lieber sei „denn alle *visiones*", *J. W. Petersen*: Leben, 1717, S. 299. Vgl. *Albrecht*: Petersen (wie Anm. 3), S. 356f.; *dies*: Pietismus und Mystik (wie Anm. 161), bes. S. 213–215.

468 Von der Mystik geprägte Umschreibung des Zustandes, der einem ekstatischen Erlebnis unmittelbar vorausgeht und zu einer jenseits von sinnlicher Wahrnehmung liegenden Gotteserfahrung führt.

dung aller Ding gesetzt,[469] da ich mit Johanne[470] im Geist hörete, daß nach Vollendung der Zeit, alle Creatur GOtt loben,[471] und GOtt alsdann alles in allen[472] seyn wurde, wenn er erst durch Christum JEsum alles würde wieder neu[473] und gut gemacht haben. O wie wurden mir da die Worte Pauli in meinen Hertzen so lebendig,[474] und sprach die Worte mit brünstigen Geist[475] ihm nach, die also lauten: *O welch eine Tieffe des Reichthums, beyde der Weißheit und Erkänntniß GOttes, usw. Rom. II, 33. 36.*[476] Es giengen da mir sehr viel Tieffen auf, erkannte auch, daß der Fall dahin gerathen müssen, daß alle Eigenschafften GOttes in die Offenbahrung gekommen. GOtt hat so wenig den Fall beliebt, so wenig er Lust zur Sünde hat, hat auch Krafft genug gegeben, sich dafür bewahren zu können; Weil er aber als ein allwissender GOTT[477] solchen vorher gesehen, so hat er auch sein Auskommen[478] gewust, wie ers zum Besten wohl führen, und alles wieder gut machen könte durch Christum.[479] Da nun gleich Anfangs des Weibes Saame verheissen wird, der der Schlangen den Kopff zertreten solte,[480] und in der Fülle

469 Vgl. Apk 1,10 und 10,7.
470 Mit Johannes, dem Visionär in der Offenbarung, vgl. Apk 1,1, 21,2 und 22,8.
471 Vgl. Apk 19,1–6.
472 1Kor 15,28.
473 Vgl. 2Kor 5,17; Apk 21,5.
474 Für den pietistischen Sprachgebrauch charakteristische Formulierung, um die durch das biblische Wort erfolgende direkte Einwirkung Gottes auf die Seele des Einzelnen zu beschreiben.
475 Von der mittelalterlichen Brautmystik geprägte, im Pietismus beliebte Metapher, um das Verlangen nach Gott zu beschreiben.
476 Röm 11,33–36.
477 Auf biblischer Grundlage (Ps 139; Jes 41,21–23, 42,9) beruhende, im Pietismus betonte Gottesvorstellung.
478 Ausgang, Ende.
479 Mögliche Anspielung auf Apk 21,4–6.
480 Vgl. Gen 3,15 und Apk 12,17.

der Zeit[481] durch Christum die Versöhnung für der gantzen Welt Sünde geschehen,[482] so werden zwar die, so solches Versöhn=Opffer nicht angenommen, sondern von sich gestossen, in die ewige Pein gestürtzet,[483] doch wird ihnen, wenn sie empfangen, was ihre Thaten werth sind, das Evangelium von CHristo, und seinem Königlichen Priesterlichen Geschlecht geprediget werden, daß sie von der ewig=geltenden Versöhnung eine Hoffnung empfangen, und mit hertzlicher Niedrigkeit im Glauben Christum ergreiffen,[484] und die Seligkeit erlangen, ein jeglicher in seiner Ordnung *1. Cor. XV, 23.*[485] einige eher, andere später, nach dem Vorbild des Hall=Jahrs,[486] so mir auch aufgeschlossen und zu erkennen gegeben wurde, daß die sieben nach einander folgende Versöhn=Jahre[487] darauf ihr Absehen haben, und in solchen sieben Versöhn=Jahren alles würde wieder gebracht werden, ausgenommen der gefallene Engel, so erst in den 50sten Jahre wieder zu seiner Englischen Gestalt gelanget, wenn er tausend Jahr allein in dem feurigen Pfuhl recht mürbe, und mit gebeugtem Hertzen zu Christo kommt,[488] und die Versöhnung, so auch vor ihn geschehen (als der auch mit zur gantzen Welt gehöret) mit sehr nieder=gebeugten Hertzen annehmen, und ein Lober GOttes werden

---

481 In der Vollendung der Zeit; vgl. Gal 4,4f.

482 Vgl. Röm 5,11; 2Kor 5,18f.; 1Joh 2,2, 4,10.

483 Anklang an Mt 25,41 und Apk 20,15.

484 Anklang an Eph 6,16; Phil 3,12; 1Tim 6,12.19.

485 1Kor 15,23.

486 Als Halljahr wird ein Sabbat- oder Jobeljahr (in der Vulgata mit *annus iubileus* übersetzt, was zum deutschen Ausdruck ‚Jubeljahr' führte) bezeichnet. Nach Lev 25 soll nach Ablauf von sieben Sabbatsjahrperioden das darauffolgende fünfzigste Jahr als Frei- und Erlassjahr begangen werden, s. RGG[4], Bd. 2, Tübingen 1999, Sp. 1423f.

487 Hier in der Bedeutung von Sabbatjahr (vgl. Lev 25,5).

488 Die Wiederannahme des Teufels setzt seine Buße voraus, für die er durch die tausendjährige Versiegelung im Feuerpfuhl während des chiliastischen Friedensreichs Christi erst reif wird.

wird.[489] Dieses alles wurde mir sehr lebendig, und die Schrifft=Oerter so mir entgegen stunden, wurden mir lauter Zeugnisse zu dieser Wahrheit, als: *Des Weibes Saamen soll der Schlangen den Kopff zutreten;*[490] Da erkannte ich, daß auch in dem gefallenen Engel solcher *Schlangen=Kopff* müste zertreten werden, anders würde das *Complementum*[491] zurück bleiben, und die Sünde würde auch, so lange GOTT wäre, bleiben, die doch durch CHristum aufgehoben werden müste, deren Versöhner er ist. Der andere Ort, so mir entgegen stund, war dieser, *Matth. XXV, 31. 46.*[492] Da ich solchen nicht verstund, daß er von dem Reiche handelte, da sowohl die Erstgebohrne mit Christo regieren werden, in die Ewigkeiten der Ewigkeiten, als auch die Erstgebohrne des Teuffels in dem feurigen Pfuhl ebenfalls werden gequälet werden, in die Ewigkeiten der Ewigkeiten, und der feurige Pfuhl gleiche Währung mit der Regierung Christi haben wird, und der letzte Feind, als der andere Todt, so der feurige Pfuhl ist, *Apoc. XX, 14.*[493] erst muß aufgehoben werden, ehe Christus dem Vater das Reich übergiebt. *1. Cor. XV, 24.*[494] Bey welcher Übergabe alsdenn sich kein Wiederstand mehr finden, sondern GOTT alles, und in allem seyn wird.[495] Dieses wurde mir auch aufgeschlossen, da ich zuvor meynete, daß nach Aufhebung des ersten Todes, als nach den tausend Jahren, Christus dem Vater das Reich übergeben würde, und nicht erwegete, daß noch ein Tod nachbliebe, in welchen der

489 Nach dieser Buße kann aus dem Widersprecher ein Lobpreiser der göttlichen Ordnung werden.
490 Zertreten.
491 Restbestand des Bösen.
492 Mt 25,31–46.
493 Apk 20,14; vgl. auch 1Kor 15,26.
494 1Kor 15,24.
495 1Kor 15,28.

erste Tod würde geworffen werden, *Apoc. XX, 14.*[496] und daß CHristus nicht nur tausend Jahr regieren würde, sondern in die Ewigkeiten der Ewigkeiten, *Apoc. 11, 15.* [497] biß alles wird wiedergebracht seyn, wenn er dem Vater das Reich wird überantworten, nemlich die gantze wiedergebrachte Schöpffung, da alsdann der letzte Feind, der andere Tod auch wird aufgehoben werden, und folglich, weil kein Quäler mehr vorhanden ist, auch keine Creatur mehr wird gequälet werden.[498] Und ist nachdencklich,[499] daß solcher andere Tod der letzte Feind genennet wird, *1. Cor. XV, 26.*[500] Weil der gefallene Engel auch erst von seiner Feindschafft muß errettet, und wiedergebracht seyn, ehe solcher andere Tod zuletzt so aufgehoben wird, und also heisset er der letzte Feind, und wird nach allem wiedergebrachten Geschöpffen aufgehoben, auf daß GOtt sey alles in allen.[501] Da habe ich nachmahls, als mir diese Wahrheit so gründlich aufgegangen, geantwortet, und aus Heil. Schrifft bewiesen, was jene Person[502] in der *Vision* gesehen und gehöret hatte, und habe ihnen gezeigt, daß in der Zeit gefehlet,[503] und solche Wiederbringung des gefallenen Engels nicht in dem achttausenden Jahre, sondern in dem funffzig=tausenden Jahre erst zu erwarten stehe usw. Sie sind über mein Erkänntniß sehr erfreuet worden, haben auch nachmahls aus Engelland offt an uns

496 Apk 20,14.
497 Apk 11,15.
498 Ausdruck der eschatologischen Hoffnung auf ein letztlich ewiges Friedensreich, in dem die Frage nach der Gerechtigkeit Gottes (Theodizee) ihre Auflösung findet; Anklang an Apk 21,4.
499 Bedenkenswert.
500 1Kor 15,26.
501 1Kor 15,28.
502 Jane Leade.
503 Dass ein Irrtum in der eschatologischen Zeitberechnung stattgefunden habe.

geschrieben,[504] woraus wir ihre hertzlich gegen uns tragende Liebe gar wohl erkannt und abgenommen haben.

§. 37. Das dritte Geheimniß, so mir in meinem Ehestande aufgeschlossen worden, ist die Erkänntniß von *dem himmlischen GOtt=Menschen*, dem Erstgebohrnen aller Creatur,[505] welches mir folgender Weise eröffnet worden. Es ward im Jahre *1708.* mein lieber Ehe= Herr von einer vornehmen Standes=Person in die Schlesien[506] beruffen, das Kinder=Gebet, so sie unter dem öffentlichen Himmel thaten, mit anzuhören, und seine Gedancken darüber zu eröffnen.[507] Als ich ihn nun bis in eine benachbarte Stadt begleitete, da fügte es sich, daß ich unter andern mit zween gelahrten[508] Personen bekannt ward, davon die eine Lutherisch,

504 Der Briefwechsel wurde über Dodo von Knyphausen vermittelt.

505 Vgl. Kol 1,15. Die Vorstellung, dass die erste Emanation Gottes noch vor der Erschaffung der Welt das Urbild seines Sohnes war, das auch der Schöpfung Adams zum Modell dienen konnte, wurde von Johanna Eleonora und von Johann Wilhelm Petersen in zwei gleichbetitelten Schriften *Das Geheimniß des Erst=Gebohrnen* bzw. *Das Geheimniß des Erstgebohrnen aller Creatur* (beide Frankfurt 1711) begründet. Diese Lehre fand Eingang in den Kommentar der Berleburger Bibel. Dagegen legte das *Corpus Evangelicorum* Einspruch ein wegen Heterodoxie und veranlasste, dass der entsprechende Druckbogen am Anfang der *Berleburger Bibel* (Teil I, 1724) vernichtet und ausgetauscht werden musste; vgl. *Schrader*: Literaturproduktion (wie Anm. 459), S. 126–130; *ders.*: Literatur und Sprache des Pietismus (wie Anm. 403), S. 118, 275–278. Vgl. *Markus Matthias*: Das Ehepaar Petersen und die theologische Aufklärung, in: Erinnern, was vergessen ist. Beiträge zur Kirchen-, Frömmigkeits- und Gendergeschichte: Festschrift für Ruth Albrecht, hg. von Rainer Hering und Manfred Jakubowski-Tiessen, Husum 2020 (Schriften des Vereins für Schleswig-Holsteinische Kirchengeschichte, 64), S. 83–98.

506 Nach Schlesien.

507 Angesprochen wird hier die Situation der im Zuge der Gegenreformation in ihrer Kultusausübung eingeschränkten Lutheraner im habsburgischen Schlesien. Zur Reise nach Schlesien vgl. *J. W. Petersen*: Leben, 1717, S. 314–324; vgl. Christian-Erdmann Schott: Kinderbeten und Gnadenkirchen. Zu den frömmigkeitsgeschichtlichen Folgen der Altranstädter Konvention (1707–1709) in Schlesien, in: Jahrbuch für schlesische Kirchengeschichte 87, 2008, S. 181–201.

508 Gelehrten.

die ander Reformirt war.[509] Diese beyde geriethen in einem Wort=Wechsel zusammen, der Lutheraner meynte, weil die Reformirten die beyden *Sacramenta* nicht lauterlich hätten,[510] so könten sie nicht selig werden; Der Reformirte hielt davor, daß er allen seinen Trost in der Lehre der *Prædestination*[511] hätte. Diesem Wort=Streit hörte ich mit betrübten Hertzen an, und erinnerte sie, daß man nicht um Meynungen willen ein ander verdammen, sondern in der wahren Nachfolge JEsu Christi einer den andern zu stärcken suchen müste:[512] Wenn wir darinnen lauterlich fortwachsen würden, so würden wir auch mehr und mehr in der Erkänntniß einander näher kommen. Als ich nun alleine war, fiel mir bey,[513] daß der Prophet hat müssen zwey Höltzer nehmen, und auf eines, das Geschlecht Juda, auf das andere, das Geschlecht Israel schreiben, und die beyden Höltzer in die Hand nehmen, daß sie zu einem Holtz in seiner Hand würden. Ezech. XXXVII, 16. *seqq.*[514] Welches vorbildete, daß Juda und Israel, so sich von einander getrennet, wiederum zu einem Königreich werden solten. So dachte ich auch in meinem Hertzen, diese beyde Religionen sind beyde durch

509 Die Verfasserin schildert diese Begegnung und die dadurch erfolgten Einsichten zur Überwindung konfessioneller Unterschiede bereits in der Leseranrede zu ihrer 1711 in Frankfurt erschienenen Schrift *Das Geheimniß Des Erst=Gebornen Der von Anfang ist* [...] sowie in der Vorrede zum Traktat *Einige Send=Schreiben* von 1714; vgl. *Albrecht*: Petersen (wie Anm. 3), S. 307–311, 317f.

510 Die Verfasserin bezieht sich auf die Auseinandersetzung zwischen Lutheranern und Reformierten über die Frage, ob die Sakramente Abendmahl und Taufe als direkte Heilsvermittlungen oder als lediglich äußere Zeichen des göttlichen Heilshandelns aufzufassen seien; s. RGG^4, Bd. 7, Tübingen 2004, Sp. 759–763.

511 Im Calvinismus zu großer Bedeutung gelangte Lehre von der göttlichen Vorbestimmung des Menschen zum Heil oder zur Verdammnis.

512 Anklang an Lk 6,37; Röm 14,13.

513 Fiel mir ein.

514 Ez 37,16–22.

die *Reformation* von Babel ausgegangen,[515] gleich wie auch jene, und sind in zwey *Sect*en, gleich wie jene in zwey Königreiche zutheilet,[516] die einander richten und verdammen, fiel auf meine Knie, flehete zu GOtt, weil solche Verheissungen dem Israel nach dem Fleisch noch bevorstünden, so möchte er sich doch auch über sein Geistliches Israel[517] erbarmen, und die beyde Religionen zu einen Sinn, und in eine Liebes=Harmonie bringen usw. Als ich nun so inniglich geseuffzet, wurde mir das Geheimniß der himmlischen *GOtt=Menschheit JESU CHristi* recht lebendig in meinen Hertzen, und ward im Geist versichert, daß solche Erkänntniß ein wahres Mittel seyn würde, diese beyde Religionen zu vereinigen, wenn solche Wahrheit wohl eingesehen und erkannt werden würde. Es giengen mir damahls viele Schrifft=Oerter auf, so mir diese Wahrheit klahr machten, als *Col. I, 18.*[518] *Joh. I, 1.*[519] *1. Cor. X, 14.*[520] *Ebr. XIII, 8.*[521] *Gen. XXXII, 28.*[522] *Prov. VIII, 22.*[523] *Mich. V, 1.*[524] *Eph. III, 9.*[525] und viele Oerter mehr, die mich versicherten, daß JESUS Christus vor Grundlegung der Welt seinen Ausgang in das vorweltliche mittele Krafft=Wesen genommen,[526] und das *Original* ge-

515 Aus biblischem Wortlaut gezogene (vgl. Jes 48,20; Jer 50,8; Apk 18,2), die Abkehr der Protestanten von der römisch-katholischen Kirche rechtfertigende Formulierung.
516 Zerteilt, geteilt.
517 Bezeichnung der Gemeinschaft der Heiligen des Herrn und Christusnachfolger, in pietistischer Rede metaphorisch auf das Christentum übertragen.
518 Kol 1,18.
519 Joh1,1.
520 1Kor 10,14.
521 Hebr 13,8.
522 Gen 32,28.
523 Spr 8,22.
524 Mich 5,1.
525 Eph 3,9.
526 Mystische, auf Jakob Böhme (1575–1624) zurückführende Umschreibung

worden, nach welchem und zu welchem wir haben können erschaffen werden, ein Bild und Gleichniß GOTTES, welches nach der puren Gottheit nicht hätte geschehen mögen. Ich wurde in meinem Gemüthe versichert, daß wo diese Wahrheit recht aufgehen würde, daß nicht allein die Streitigkeiten zwischen uns und den Reformirten aufhören, sondern auch die Socinianer[527] ihres Irrthums würden überführet werden, weil sie sich an einigen Schrifft=Oertern stossen, so bißher von der puren Gottheit sind verstanden worden, darüber sie ihre Folgereyen gemacht, und daher gar die Gottheit JESU Christi verleugnet; Wenn sie aber erkennen würden, daß solche Oerter von der himmlischen Gott=Menschheit zeugeten, so könten sie beydes dardurch überführt werden, daß JESUS Christus der himmlische GOtt=Mensch vor Grundlegung der Welt, und auch der warhafftige GOTT mit dem Vater und dem heiligen Geist in den Ewigkeiten gewesen, und ja schon hat seyn müssen, da er nach *Mich. 5.* seinen Ausgang vom Anfang und von Ewigkeit her genommen,[528] welcher GOtt das Wort in der Fülle der Zeit Fleisch worden, und in der Knechts=Gestalt für uns zu leyden, und uns durch sein Blut zu erlösen erschienen ist.[529] Wenn auch die Reformirten diesen himmlischen GOtt=Menschen recht erkenneten, so würde ihnen nicht fremd seyn zu glauben, daß er, nach

für Christus in seiner Rolle als Vermittler zwischen Gott Vater und den Menschen.

527 Nach Fausto Sozzini (1539–1604) benannte religiöse Bewegung, die sich um die Wende vom 16. zum 17. Jahrhundert aus Polen kommend in Ost- und Westeuropa ausbreitete. Die Anhänger dieser Strömung stellten die Trinität in Abrede und sahen die Bedeutung Christi nicht in seiner göttlichen Natur, die z.T. abgelehnt wurde, sondern in seiner Lehre und ethischen Vorbildhaftigkeit.

528 Vgl. Mi 5,2.

529 Periphrase von Joh1,1f. und Mt 26,28.

der Gemeinschafft seiner himmlischen GOtt=Menschheit, uns auch als Mensch gegenwärtig sey, da er nach derselben unser Haupt und Mittler von der Welt her gewesen. Sie würden sich auch nicht daran stossen, daß wir glauben in der Gemeinschafft des Brodtes und Weins seines Fleisches und Blutes theilhafftig zu werden, da es nicht nur das Fleisch ist, so er von Maria angenommen, sondern zur Rechten GOttes erhöhet, und in der Gemeinschafft des vom Himmel gekommenen Fleisches und Bluts ist, *Joh. VI, 51. 53. 56.*[530] ohne welches wir kein Leben in uns haben, aber in Niessung[531] desselben, bleiben wir in Christo, und er in uns. Sehen wir nun an die Lehre von der *Prædestination*, so können sie ja auch durch diese Wahrheit erkennen, daß nichts kan zur Verdammniß erschaffen seyn, was nach *Col. I, 16.*[532] durch Christum und zu Christo erschaffen worden ist; Worzu die Wahrheit von der Wiederbringung aller Dinge auch ein grosses Mittel ist zu erkennen, daß alles durch Christum und zu Christo zur Seligkeit erschaffen sey. Es fiel mir auch damahls, als mir diese Wahrheit mitgetheilet wurde, ein, was mir in meiner zarten Jugend begegnet, da ich einsmahl auf die Gedancken kam, wie doch habe eine Zeit aus der Ewigkeit hervorkommen können, da die Ewigkeit weder Anfang, Mittel, noch Ende habe; Als ich aber in solchen Gedancken stund, fiel mir bey, was ich in einer Predigt gehöret, wie nemlich Augustinus einsmals in tieffen Gedancken gegangen, und das Geheimniß der heiligen Dreyeinigkeit habe erforschen wollen, da sey er eines Knäbchens ansichtig worden, das habe eine Grube in die Erde gemacht;

530 Joh 6,51.53.56.
531 Durch den Genuss.
532 Kol 1,16.

und als Augustinus gefraget, was er da machete? habe es ihm geantwortet; Er wolte in solche Grube das Meer fassen. Da habe er gesaget: Das wirst du nicht thun können; habe der Knabe darauf geantwortet: also wirstu auch mit deinen Gedancken nicht erreichen mögen das Geheimniß der heiligen Dreyeinigkeit.[533] Dieses veranlassete mich auch mit meinen Gedancken inne zu halten, und mich GOtt zu unterwerffen, daß er alles wohl gemacht, ob ich es gleich mit meinen Gedancken nicht erreichen könte. Als ich aber nach einiger Zeit nicht mehr daran gedachte, wurde mir der Ort Mich. 5,3.[534] so lebendig in meinem Hertzen, daß ichs nicht sagen kan,[535] denckende: Weil sein, des HErrn JEsu Christi Ausgang von Anfang und von Ewigkeit her gewesen,[536] so müsse der, so da ausgegangen, ja selbst schon gewesen seyn, und darinnen er ausgegangen, müsse eine neue Offenbahrung seyn usw. Es waren so viele tieffe Gedancken in meinem Hertzen, die ich nicht ausdrucken kan; Ingleichen dachte ich, GOtt würde nicht erst bey Schaffung der Welt angefangen haben, sich zu offenbahren, sondern möchte wol von Ewigkeit her, vieles durch JEsum Christum in die Offenbahrung gebracht haben, davon hernachmahls in der Seligkeit nach und nach grosse Tieffen aufgehen, und alle zur unaussprechlichen Herrlichkeit gereichen würden.[537] Ich hatte grosse Empfin-

533 Bei dem Verweis auf den heiligen Augustinus handelt es sich nicht um einen direkten Bezug auf eine seiner Schriften, sondern um eine Legende, die als solche um 1493 erstmals in der Sammlung des Petrus de Natalibus überliefert ist und in die *Acta Sanctorum* von 1743 (Bd. 6, S. 357f.) aufgenommen wurde; vgl. *Serge Lancel*: Saint Augustin, Paris 1999, S. 516.

534 Mi 5,3.

535 In der Mystik verbreiteter Topos der Unsagbarkeit.

536 Vgl. Mi 5,2.

537 Die Vorstellung einer „herrlichen" Erkenntnis über den Bereich der Schöpfung der Erde hinaus.

dungen über diese Gedancken, opfferte sie aber meinem GOTT wieder auf, und habe erstlich wieder empfindliche Freude daran gehabt, als mir 1708. das Geheimniß des Erstgebohrnen, als des himmlischen GOtt=Menschens von dem HERRN aufgeschlossen ward, da wurde mir dieser Ort Mich. 5. aufs neue lebendig, und fielen mir die Geheimnisse wieder ins Gedächtniß, so mir in meiner Jugend über diesen Ort waren kund worden. Ich will hier zum Beschluß noch etwas beyfügen, welches ich nachgehends auf dieses Geheimniß gedeutet.

§. 38. Mir kam Anno 1685. im Vorjahre[538] im Schlaffe vor, als wäre ich nebst andern Menschen in einem grossen Hause, gleichsam als in einer Gefangenschafft, darinnen befunden sich 24. Bilder, so von grosser Bedeutung waren, und dieses in sich fasseten, wie man aus solcher Gefangenschafft könne frey werden. Es wurden mir solche Bilder aufgeschlossen, und ward gewahr, wie in den 12. ersten Bildern, das Hinabsteigen in die Tieffe, in den 12. andern aber, das Aufsteigen aus der Tieffe in die Höhe, müsse erlernet werden, auch waren bey allen Bildern sonderliche Merckzeichen, woraus man erkennen konte, ob das Absteigen, wie auch das Aufsteigen richtig wäre, nemlich: wenn uns das alles, so in den Bildern vorgestellet, in der *Praxi*[539] vorkommen würde. Als ich nun den Vorsatz nahm, den Weg anzutreten, und noch einige darzu mit erwehlte, welchen ich mein Vorhaben doch nicht offenbahrte, darum, weil ich sorgete, daß es ihnen möchte zu schwer vorkommen; da kam mir bey dem Hinabsteigen alles in der *Praxi* vor, was ich in den Bildern

538 Frühjahr.
539 In der Wirklichkeit, in der (Aus)übung.

erlernet; und als die 12. Bilder des Absteigens vollbracht, erkannte ich, daß das Hinaufsteigen noch schwerer werden würde, als das Hinabsteigen gewesen; Es gieng aber auch gut von statten, weil mir alles in der Ausübung lebendig ward, was ich in den Bildern gesehen, welches mir aber im Aufwachen entfallen ist, ohne das Letztere, so die Nachtigal war, derer Stimme ich erreichen müste.[540] Da nun alles glücklich vollendet, und die im letzten Bilde mir entdeckte *Praxis* nur noch übrig war, kam ich vor eine Thür, die in ein Gemach führete, worinnen ein grosses Geheimniß war; Als ich aber vor der Thür stund, hatte ich vergessen was ich thun müste, daß sich die Thüre aufthäte, und ich in dem Gemach (in welchen ein Vater, eine Mutter und ein Sohn war) das Geheimniß erkennete. Da ich mich nun gar nicht erinnern konte, was ich im Bilde gesehen, ward ich sehr betrübt, und gedachte bey mir, nun wird alle die Mühe umsonst seyn, und seuffzete gar sehr. Als ich aber so zu GOTT seuffzete, fiel mirs wieder ins Gedächtniß, daß ich eine Nachtigal im Bilde gesehen, und aus dem Bilde erlernet, daß ich meine Stimme erheben müste, wie eine Nachtigal; da ich nun anfieng, und meine Stimme immer stärcker und stärcker erhub, da gieng die Thür auf, und mir wurde sehr wohl, worauf ich gleich aus dem Schlaff erwachete. Ich habe es einiger massen, was die vielen Bilder belanget, darauf gedeutet, daß meinem lieben Mann und mir, noch in demselbigen Jahre, das Geheimniß von

540 Die Nachtigall gilt als Sinnbild für vollkommene und unablässige Verkündigung. Nach mittelalterlicher Auffassung kann die Nachtigall als Symbol für Himmelssehnsucht verstanden werden, sie ist in dieser Bedeutung häufig auf spätmittelalterlichen Madonnenabbildungen zu finden (vgl. *Gerd Heinz-Mohr*: Lexikon der Symbole. Bilder und Zeichen der christlichen Kunst, Köln 1971, S. 219). Sie kann aber auch den unermüdlichen Bibelleser versinnbildlichen, vgl. LMA, Bd. 6, hg. von Norbert Angermann, München – Zürich 1993, S. 999–1001.

dem Reiche[541] aufgeschlossen, darüber wir vieles haben leyden, und tieff in die Demuth hinabsteigen müssen,[542] und auch mit unsern Vertrauen in die Höhe zu dem HErrn, HErrn hinaufsteigen müssen, der uns in allen Trübsalen gnädiglich beygestanden. Das letzte Bild, wegen des Geheimnisses, vom Vater, Sohn und Mutter, so in dem Gemach gewesen, habe ich, nachdem mir die himmlische Gott=Menschheit[543] und das himmlische Jerusalem,[544] als der Tauben=Geist,[545] davon wir Geist von Geist gebohren werden,[546] ist aufgeschlossen worden, dahin gedeutet; denn dadurch ist das Geheimniß der heiligen *Trinit*ät[547] des Vaters, des Sohnes, und des Heil. Geistes, der nach dem Hebräischen in den weiblichen *Genero*,[548] als eine fruchtbare Mutter und ausbrütende Taube ausgesprochen wird, in die Offenbahrung gekommen, dadurch die Ausgänge in das mittlere Krafft=Wesen, und die Unsichtbarkeiten in GOTT

541 Chiliastisch geprägte Vorstellung von dem am Ende der Zeiten beginnenden Christusreich, auf das dann das Reich der Herrlichkeit folgt.

542 Die Verfasserin bezieht sich auf die Anfeindungen seitens der orthodox-lutherischen Theologenschaft.

543 Die verklärten Menschen im himmlischen Friedensreich werden demzufolge dem Ursprungsbild Christi gleichen, das vor der Schöpfung aller Kreatur erschaffen worden war.

544 Vgl. Hebr 12,22 und Apk 21,2.

545 Anspielung auf Mt 3,16; Mk 1,10; Lk 3,22 und Joh 1,32.

546 Vgl. Joh 3,6.

547 Dreifaltigkeit.

548 Das hebräische Wort für Geist (*ruach*) bildet grammatisch ein Femininum. Die Verfasserin mag aber auch an das hebräische Wort für Taube (*jonah*), ebenfalls weiblich, gedacht haben, das hier spekulativ auf den in Taubenform symbolisierten Heiligen Geist übertragen wird. Sie lässt hier ihre Hebräisch-Kenntnisse anklingen, die auch für andere pietistische Frauen belegt sind, so etwa für die dem Quedlinburger Pietistenkreis zugehörige Anna Catharina Scharschmidt, die zwischen 1702 und 1704 mit drei Traktaten als theologische Schriftstellerin hervortrat, vgl. *Anna Catharina Scharschmidt*: „Mitgenossin des selbständigen Wesens Christi". Texte und Briefe aus Quedlinburg, hg. von Ruth Albrecht und Katja Lißmann, Leipzig 2023 (EPT, 17), S. 58 Anm. 236 sowie das Nachwort der Ausgabe, S. 164–225, bes. 195–202.

zur Sichtbarkeit kommen sind, daher wo man solche himmlische Gott=Menschheit recht und wohl einsiehet, so wird uns die gantze heilige Schrifft immer klärer und deutlicher werden. Der HErr schliesse uns selbst seine Wahrheiten je klärer und klärer auf, um sein selbst Willen,[549] Amen.

ENDE.

549 Um seiner selbst willen; weil er der Herr ist.

Editorische Notiz

Die vorliegende Edition gibt die Lebensbeschreibung Johanna Eleonora Petersens in der Fassung von 1718 vollständig wieder, die den Titel führt:

> Leben FRAUEN Joh. Eleonora Petersen / Gebohrnen von und zu Merlau, Hrn. D. JO. WILH. Petersen Eheliebsten; Von Ihr selbst mit eigener Hand aufgesetzet, und vieler erbaulichen Merckwürdigkeiten wegen zum Druck übergeben, daher es als ein Zweyter Theil Zu Ihres Ehe=Herrn Lebens=Beschreibung beygefüget werden kan. ANNO MDCCXVIII. Auf Kosten guter Freunde.[1]

Es handelt sich um einen in der Vorlage 70 Druckseiten im Oktavformat umfassenden Text, der sich als Ergänzung zu der weit umfangreicheren, über 400 Druckseiten umfassenden Autobiographie ihres Ehemannes präsentiert. Diese war fast zeitgleich schon Ende 1717 in erster Auflage erschienen unter dem Titel:

> Das Leben JO. WILHELMI PETERSEN, Der Heil. Schrifft Doctoris, Vormahls Professoris zu Rostock, nachgehends Predigers in Hannover an St. Egidii

1 [UB Tübingen: an: Kg 2085]. Während bei der Ausgabe von 1718 wie bei derjenigen von Johann Wilhelm Petersen von 1717 suggeriert wird, dass mehrere Personen für den Verlag (Druckkostenvorschuss) aufgekommen sind, verweist der entsprechende Vermerk in beiden zweiten auf das Jahr 1719 datierten Auflagen nurmehr auf eine Person, die die Druckkosten übernommen habe. Verleger war vermutlich der in Halle/Saale tätige Buchhändler und Verleger Johann Gottfried Renger (gest. 1718). Darauf weist das angehängte Werbematerial hin: „Neue Bücher, Die in der Leipziger Oster=Meß 1718. in der Rengerischen Buch=Handlung zu finden, oder auch bald fertig werden".

> Kirche, darnach des Bischoffs in Lübeck Superintendentis und Hof=Predigers, endlich Superintendentis in Lüneburg, Als Zeugens der Warheit Christi und seines Reiches, nach seiner grossen Oeconomie in der Wiederbringung aller Dinge. Gedruckt zu Ende des Jahrs 1717. Auf Kosten guter Freunde.

Im Jahr 1719 erschienen beide Texte in zweiter Auflage, derjenige von Johanna Eleonora mit dem Titel:

> Leben Frauen Johanna Eleonora Petersen, Gebohrner von und zu Merlau, Herrn D. Joh. Wilh. Petersen Ehe=Liebsten, von Ihr selbst mit eigner Hand aufgesetzt und vieler erbaulichen Merckwürdigkeiten wegen zum Druck übergeben, daher es als ein Zweyter Theil zu Ihres Ehe=Herrn Lebens=Beschreibung beygefüget werden kan. Andere Aufflage. Auf Kosten eines wohlbekanten Freundes. 1719.

Der erste, die Paragraphen 1 bis 30 umfassende Teil, der in der Ausgabe von 1718 mit 46 Seiten in Oktav fast zwei Drittel des Gesamttextes ausmacht,[2] war erstmals 1689 als Anhang zu ihrem zweiteiligen Meditations- und Erbauungsbuch *Gespräche des Hertzens mit Gott*[3] erschienen und führte den Titel:

> Eine kurtze Erzehlung / Wie mich die leitende Hand Gottes bißher geführet / und was sie bei meiner Seelen gethan hat.

2 In der Ausgabe von 1718 umfasst der erste Teil 46 Druckseiten in Oktav (das Titelblatt nicht mitgezählt) und der zweite 22 Seiten.

3 Es enthält einmal fünfzig und einmal vierundzwanzig Betrachtungen zu verschiedenen Versen aus dem Alten und dem Neuen Testament.

Die *Kurtze Erzehlung* erschien in ihrem ursprünglichen Umfang unverändert als Anhang zu den 1694 und 1715 erschienenen Neuauflagen des inzwischen in *Hertzens=Gespräch Mit GOTT* umbenannten Erbauungsbuchs. Sie wurde inhaltlich und sprachlich nahezu unverändert in die Lebensbeschreibung von 1718 übernommen und nur an einer Stelle durch einen rechtfertigenden Zusatz ergänzt, mit dem Petersen auf Kritik an ihren Ausführungen reagiert.[4]

Der zweite, deutlich kürzere Teil der Lebensbeschreibung enthält vereinzelt Auszüge aus schon bestehenden Werken der Petersen[5] und ist 1718 im Zuge der Neuausgabe ihrer Autobiographie hinzugekommen.

In dieser Edition bleiben die Eigenheiten der Druckvorlage insofern gewahrt, als Orthographie, Groß- und Kleinschreibung sowie Zeichensetzung, inklusive Doppelbindestrich, beibehalten wurden. Inkonsequenzen in der Schreibweise gleicher Wörter sind dabei dem Original gemäß wiedergegeben ebenso wie Abkürzungen oder heute in der Standardsprache ungebräuchliche Deklinationsendungen. Offensichtliche Druckfehler wurden stillschweigend verbessert. Die in der Vorlage unabhängig von ihrem Lautwert verwendete Majuskel J wird hier gemäß aktueller Schreibweise als I bzw. als J wiedergegeben. Großgeschriebene umgelautete Vokale, die in der Vorlage aus typographischen Gründen nicht ihrem Lautwert entsprechend gedruckt werden konnten, werden in dieser Ausgabe als Umlaute wiedergegeben und die kleingeschriebenen Umlaute mit übergesetztem e erscheinen in der heutigen Schreibweise. Das Kürzel in Frakturschrift für

4 Vgl. *Petersen*: Leben, in dieser Ausgabe S. 69 Anm. 371.
5 Vgl. *Petersen*: Leben, S. 47 Anm. 436 u. S. 90 Anm. 509.

usw. wurde entsprechend aufgelöst, ebenso die Ligatur &c., die als etc. wiedergegebenen wird. Der gelegentlich über m und n stehende Querstrich wurde durch eine entsprechende Konsonantenverdoppelung ersetzt. In der Druckvorlage durch Fettdruck hervorgehobene Stellen sind durch Kursive kenntlich gemacht ebenso wie in Antiqua gedruckte Fremdwörter bzw. Fremdwortbestandteile. Die Paginierung sowie der Zeilenfall des Originaldrucks werden nicht ausgewiesen.

Editionen und Bearbeitungen der Lebensbeschreibung J. E. Petersens

Pantheon berühmter und merkwürdiger Frauen, hg. von Christian August Vulpius, Teil 3, Leipzig: Hahnsche Verlagsbuchhandlung, 1812, S. 107–130. [Es handelt sich um eine gekürzte, sprachlich modernisierte und kommentierte Version der Lebensbeschreibung J. E. Petersens.]

Freytag, Gustav: Bilder aus der deutschen Vergangenheit. Bd. 5: Aus neuer Zeit 1700–1848, Leipzig 1866, S. 30–41. [Enthält eine Bearbeitung ausschließlich des ersten Teils der Autobiographie, gefolgt von der bearbeiteten Lebensbeschreibung J. W. Petersens.]

Der deutsche Pietismus. Eine Auswahl von Zeugnissen, Urkunden und Bekenntnissen aus dem 17., 18. und 19. Jahrhundert, hg. von Werner Mahrholz, Berlin 1921, S. 201–245.

„Mein Herz brannte richtig in der Liebe Jesu". Autobiographien frommer Frauen aus Pietismus und Erweckungsbewegung. Eine Quellensammlung, hg. von Martin Jung, Aachen 1999, S. 43–88.

Johanna Eleonora Petersen geb. von und zu Merlau. Leben, von ihr selbst mit eigener Hand aufgesetzet, hg. von Prisca Guglielmetti, Leipzig 2003 (KTP, 8).

Johanna Eleonora Petersen. The life of Lady Johanna Eleonora Petersen, written by herself, edited and translated by Barbara Becker-Cantarino, Chicago 2005.

Pietismus. Eine Anthologie von Quellen des 17. und 18. Jahrhunderts, hg. von Veronika Albrecht-Birkner, Wolfgang Breul, Joachim Jacob u. a., Leipzig 2017, S. 257–261, 329f. [Enthält in Auszügen die Abschnitte, mit denen J. E. Petersen ihre Lebensbeschreibung einleitet, sowie die ersten in ihr viertes Lebensjahr zurückreichenden Erinnerungen.]

Nachwort

Johanna Eleonora Petersen geb. von und zu Merlau (1644–1724) war 45 Jahre alt, seit neun Jahren mit dem in Lüneburg als Superintendent wirkenden Johann Wilhelm Petersen (1649–1727) verheiratet und Mutter eines siebenjährigen Jungen, als sie 1689 mit einem zweiteiligen Meditations- und Erbauungsbuch, *Gespräche des Hertzens mit GOTT*, an die Öffentlichkeit trat und im Anhang ihre selbstverfasste eigene Lebensbeschreibung abdrucken ließ unter dem Titel: *Eine kurtze Erzehlung / Wie mich die leitende Hand Gottes bißher geführet / und was sie bei meiner Seelen gethan hat.* Eröffnet wird das Buch von einer auf das Jahr 1687 datierten Vorrede des Kieler Theologen Christian Kortholt (1633–1694), mit dem die Verfasserin über ihr Projekt korrespondiert hatte. Aus diesem Briefwechsel geht hervor, dass das Buch schon im Jahre 1685, also vier Jahre vor der Drucklegung und noch in ihrer Eutiner Zeit abgeschlossen war.[1]

Motiviert durch die Suche nach Spuren direkten göttlichen Eingreifens im eigenen Leben und aus dem Bedürfnis heraus, solche Erfahrungen auch schriftlich zu bezeugen, setzte von den Achtzigerjahren des 17. Jahrhunderts an bis weit ins 18. Jahrhundert hinein eine umfangreiche Schreibproduktion ein. So entstand eine

1 Vgl. *Ruth Albrecht*: Johanna Eleonora Petersen. Theologische Schriftstellerin des frühen Pietismus, Göttingen 2005 (AGP, 45), S. 211f. – Näheres zu Geschichte und theologischem Profil der *Gespräche des Hertzens mit Gott* bei *Markus Matthias*: ‚Enthusiastische' Hermeneutik des Pietismus, dargestellt an Johanna Eleonora Petersens „Gespräche des Hertzens mit GOtt" (1689), in: PuN, 17, 1991, S. 36–61.

Fülle an autobiographischen Zeugnissen. Überliefert sind Lebensläufe, Lebensbeschreibungen, religiöse Erfahrungs- und Bekehrungsberichte, Ermahnungs- und Dankesschreiben, Eintragungen in Seelentagebücher, aber auch spirituelle Betrachtungen, zum Teil in Form von Gebeten, Gedichten und Liedern. Diese Texte erschienen vollständig oder auszugsweise abgedruckt, meistens integriert in größere, oft auflagenstarke und mehrfach edierte Sammlungen von Leichenpredigten, Bekehrungs- und Sterbeberichten oder wurden, ab den 1730er Jahren, in religiös erbauliche Zeitschriften aufgenommen und so einem breiten Lesepublikum zugänglich gemacht. Sie bilden einen gewichtigen Teil der in jener Zeit sich ausbreitenden Erbauungsliteratur,[2] zu der Frauen in einem bisher nicht gekannten Ausmaß beigetragen haben.

Dass in jener Zeit so viele von Frauen verfasste religiös autobiographische Texte entstehen konnten, mag zum einen daran liegen, dass der religiöse Bereich Frauen traditionsgemäß am ehesten Freiräume zur geistigen Entfaltung bot, zum andern hat sich die seit der Reformation vorangetriebene und im Pietismus intensivierte Mädchenbildung, die zur selbständigen Bibellektüre befähigen sollte, zweifellos förderlich auf die Schreibtätigkeit von Frauen ausgewirkt. Von maßgeblicher Bedeutung dürfte zudem die Ausbreitung eines zumindest im frühen Pietismus entschieden frauenfreundlichen religiösen Klimas gewesen sein, zu dem führende pietistische oder dem Pietismus nahestehende Persönlichkeiten wie Philipp Jakob Spener

2 Vgl. *Hans-Jürgen Schrader*: Selbstzeugnisse und Biographien, in: Pietismus Handbuch, hg. von Wolfgang Breul, in Zusammenarbeit mit Thomas Hahn-Bruckart, Tübingen 2021, S. 468–474, hier 470–472; *Hans-Jürgen Schrader*: Literaturproduktion und Büchermarkt des radikalen Pietismus, Göttingen 1989 (Palaestra, 283), S. 27.

(1635–1705), Christian Kortholt oder Johann Henrich Reitz (1655–1720) wesentlich beigetragen haben. Spener etwa gibt in seiner Schrift *Das Geistliche Priestertum* (1677) auf die Frage, ob „Christliche weibespersonen auch theil an […] priesterlichen ämtern“ haben sollen, eine affirmative Antwort mit der Begründung, dass „in Christo der unterscheid unter mann und weib / was das geistliche anlanget / auffgehoben“ sei. Auch soll es Frauen erlaubt sein zu lehren, allerdings nicht im öffentlichen Raum, doch aber im Rahmen nicht öffentlicher Zusammenkünfte.[3] Kortholt vermittelt ebenfalls ein positives Frauenbild, wenn er in seiner Vorrede zu J.E. Petersens Erstlingswerk *Gespräche des Hertzens mit GOTT* Gründe anführt, die eine bei weiblichen Personen besonders stark ausgeprägte Disposition zur Frömmigkeit belegen sollen. Er zitiert unter anderen den Rostocker Theologen und Erbauungsschriftsteller Heinrich Müller (1631–1675): „Man findet fast mehr Gottesfürchtige unter den Weibern / als unter den Männern. Die Leute / die dem Heylande zum Creutz nachgefolget / sind Weiber gewesen. Weiber blieben bestehen / da die Apostel alle davon lieffen. […] Man lieset / daß Weiber unter dem Creutz JEsu gestanden / und Mitleiden mit ihm gehabt“.[4] Diese Beweisführung über-

---

3 Vgl. *Philipp Jacob Spener*: Das Geistliche Priestertum, 1677, in: *Ders.*: Schriften, Bd. 1, hg. von Erich Beyreuther, Hildesheim – New York 1979, S. 549–731, hier 631–634. Vgl. auch *Ruth Albrecht*: Frauen, in: GdP, Bd. 4, 2004, S. 522–555, hier 524–526 sowie *dies.*: Petersen (wie Anm. 1), S. 175.

4 *Christian Kortholt*: Vorrede zu: *Johanna Eleonora Petersen, geb. von und zu Merlau*: Hertzens=Gespräch mit GOTT […], Frankfurt – Leipzig: Johann Heinrich 1694, S. *1–*6, hier *2f. Vgl. auch *Ruth Albrecht*: Pietistische Frömmigkeit und Theologie mit radikalen Tendenzen: Das Ehepaar Johanna Eleonora und Johann Wilhelm Petersen, in: Eutin im Barock. Kunst und Kultur am fürstbischöflichen Hof des 17. Jahrhunderts, hg. von Oliver Auge und Anke Scharrenberg, Kiel – Hamburg 2021, S. 257–284, hier 278f.

nimmt Reitz z. T. wörtlich in seine Zuschrift zur *Historie Der Wiedergebohrnen* (1698) und ergänzt sie mit weiteren aus damaliger Sicht frauenfreundlichen Argumenten, etwa jenen des reformierten norddeutschen Theologen Theodor Undereyck (1635–1693), wonach die größere Frömmigkeit von Frauen von deren „zärterem Affect" sowie „von deren Liebe zu einem Ober=Haupt / von ihrem Gehorsam und Unterwürffigkeit an solches Haupt" herrühre.[5]

Zudem erweist es sich gerade im Fall von Johanna Eleonora Petersen als aufschlussreich, einen Blick über die Sprachgrenze zu werfen, wo sich Frauen finden, die sich ebenfalls als religiöse Schriftstellerinnen und insbesondere als Autobiographinnen profilierten. Zu nennen sind die in den Niederlanden beheimatete, hochgebildete Anna Maria van Schurman (1607–1678), Anhängerin des Jean de Labadie (1610–1674), und die im englischen Puritanismus verwurzelte Philadelphierin Jane Leade (1624–1704). Während Anna Maria van Schurman einen ersten Teil ihrer in lateinischer Sprache abgefassten Autobiographie, in der sie sich von der Gelehrtenwelt lossagt, bereits 1673 publiziert hatte,[6] erschien Jane Leades *Lebenslauff* gedruckt erst

5 *Johann Henrich Reitz*: Historie der Wiedergebohrnen. Vollständige Ausgabe der Erstdrucke aller sieben Teile der pietistischen Sammelbiographie, 1698–1745, mit einem werkgeschichtlichen Anhang der Varianten und Ergänzungen aus den späteren Auflagen, hg. von Hans-Jürgen Schrader, 4 Bde. (Deutsche Neudrucke/Reihe Barock, 29, 1–4), Tübingen 1982, Bd. 1: Teile I–III, Offenbach 1698–1701, S. 5f.

6 *Anna Maria van Schurman*: Eukleria seu melioris partis electio. […] Altona: Cornelius van der Meulen 1673. – Eine von Johann Samuel Carl bearbeitete, gekürzte deutsche Version davon erschien als 6. Historie im VI. Teil der Reitzschen *Historie der Wiedergebohrnen* (wie Anm. 5), Bd. 3: Teil VI, Berleburg 1730, S. 67–77, unter dem Titel: Sechste Historie / von Anna Maria von Schurmann / einer welt=berühmten / gelehrten und gottseligen Dame. Eine vollständige deutsche Übersetzung der Autobiographie Schurmans aus dem Lateinischen ist 1783 in Dessau und Leipzig erschienen (s. Literaturverzeichnis). Vgl. auch *Barbara Becker-Cantarino*:

1694, rund fünf Jahre nach der Erstfassung der Petersen-Autobiographie, in englischer Sprache und zwei Jahre darauf erstmals in deutscher Übersetzung im Anhang ihrer Schrift *Sechs Unschätzbare [...] Mystische Tractätlein.*[7] Handschriftliche Kopien ihrer Schriften waren in pietistischen Kreisen allerdings schon vor der deutschen Drucklegung im Umlauf.[8] Mit beiden Frauen stand Johanna Eleonora Petersen in einem Briefwechsel.[9] Belegt ist auch der Kontakt zwischen Petersen und der mystisch begabten Antoinette Bourignon (1616–1680), den der französische Theologe, Anhänger und Unterstützer Bourignons Pierre Poiret (1646–1719) vermittelt hatte.[10] Die aus dem damals zu Flandern gehörenden Lille stammende Mystikerin, die sich von einem göttlichen Sendungsbewusstsein erfüllt fühlte, hat zahlreiche Briefe verfasst, in denen sie ihre religiösen Erfahrungen und Einsichten mitteilt. Zu ih-

---

„Erwählung des bessern Teils“: Zur Problematik in Anna Maria van Schurmanns „Eukleria“ (1673), in: Autobiographien von Frauen, hg. von Magdalena Heuser, Tübingen 1996, S. 24–48, hier 30f. Anm. 19.

7 *Jane Leade*: Sechs Unschätzbare Durch Göttliche Offenbarung und Befehl ans Liecht gebrachte Mystische Tractätlein, Amsterdam 1696, S. 413–423. – 1698 hat Reitz die Leadsche Autobiographie ins Deutsche übersetzt und mit dem Kryptonym der Verfasserin, *J.L.*, überschrieben als 33. Exempel in den ersten Teil seiner *Historie der Wiedergebohrnen* aufgenommen, vgl. *Reitz*: Historie der Wiedergebohrnen (wie Anm. 5), Teil I, S. 156–161.

8 Vgl. *Petersen*: Leben, S. 82f.

9 Der ab 1674 belegte Briefwechsel mit A. M. van Schurman wurde über Johann Jakob Schütz hergestellt, vgl. *Becker-Cantarino*: „Erwählung des bessern Teils“ (wie Anm. 16), S. 41. Die Korrespondenz zwischen J. Leade und dem Ehepaar Petersen begann Mitte der neunziger Jahre und wurde durch den preußischen Oberkammerpräsidenten und Gönner des Ehepaars Petersen, Dodo von Knyphausen, vermittelt (s. *Petersen*: Leben, S. 82 Anm. 457).

10 *Mirjam de Baar*: Internationale und interkonfessionelle Netzwerke. Zur frühen lutherisch pietistischen Rezeption von Anna Maria van Schurman und Antoinette Bourignon, in: Gendering Tradition. Erinnerungskultur und Geschlecht im Pietismus, hg. von Ulrike Gleixner und Erika Hebeisen, redaktionell bearbeitet von Hans Bergmann, Korb 2007 (Perspektiven in der Kultur, Wissen, Geschlecht, 1), S. 85–105, bes. 90f. u. 93–99.

rem Werk gehört auch eine selbstverfasste Lebensbeschreibung, die, in der Folge von Poiret mit Selbstäußerungen der Verfasserin angereichert und zu einer Biographie ausgebaut, allerdings erst drei Jahre nach ihrem Tod erschien, 1683 in französischer Sprache und 1684 ins Deutsche übersetzt.[11] Bourignons Schriften zirkulierten schon zu deren Lebzeiten – in französischer und niederländischer Sprache abgefasst – zum Teil gedruckt, zum Teil in Form von handschriftlichen Kopien, ab 1673 auch auf Deutsch.[12] Johanna Eleonora Petersen kam spätestens während ihrer Frankfurter Zeit mit Bourignons Schriften in Berührung[13] und kannte möglicherweise auch deren Lebensbericht.

Es ist denkbar, dass Petersen sich am Vorbild dieser Frauen orientierte und sich dadurch dazu ermutigt gefühlt hatte, selbst als religiöse Schriftstellerin und Autobiographin an die Öffentlichkeit zu treten und sich in dieser Rolle zu behaupten. Sicher darf auch dem Ehemann der Verfasserin eine die Schreib- und Publikationsfreudigkeit seiner Frau fördernde Bedeutung beigemessen werden; auch Johann Wilhelm Petersen war als theologischer Autor tätig und hat seine Autobiographie geschrieben, die er bereits zu Lebzeiten hat drucken lassen, allerdings erst 1717.

Die überwiegende Mehrzahl der in deutscher Sprache abgefassten autobiographischen Texte aus der Pietismus-Epoche wurde erst postum veröffentlicht, so z. B. die Lebensläufe Philipp Jacob Speners, August Hermann Franckes (1663–1727) und anderer namhafter

---

11 [*Pierre Poiret*]: Das LEBEN der Jungfrau Antoinette Bourignon, Theils durch sie selbst / theils durch einen von ihren Bekandten geschrieben / [...], Amsterdam: Johann Riewert, Peter Arent, 1684.

12 Vgl. *Baar*: Netzwerke (wie Anm. 10), S. 91f.

13 Vgl. *Baar*: Netzwerke (wie Anm. 10), S. 96–98.

Pietisten.[14] Autobiographische Zeugnisse von deutschsprachigen Pietistinnen und Pietisten, die schon zu deren Lebzeiten im Druck erschienen waren, finden sich nur vereinzelt, und dann vornehmlich als anonyme, höchstens mit einem Kryptonym überschriebene Publikationen.[15] Umso erstaunlicher mutet daher die autobiographische Veröffentlichungspraxis Johanna Eleonora Petersens an, ein Umstand, der nicht zuletzt in der Persönlichkeit der Autorin begründet liegt. Man darf in Anbetracht ihrer Schriften auf eine äußerst fähige, gebildete, selbstsichere und standesbewusste Autorin schließen – in keiner ihrer Publikationen fehlt der von ihrer adligen Abstammung zeugende Mädchenname „von und zu Merlau“. So hat sie sich auch nicht gescheut, sich in für damalige Verhältnisse ungewohnter Weise theologisch zu exponieren, sodass gelehrte Zeitgenossen unterschiedlicher Ausrichtung wie Gottfried Arnold (1666–1714) oder Johann Heinrich Feustking (1672–1713) sich veranlasst sahen, sie in

14 Speners in den Jahren 1683–86 abgefasster Lebenslauf erschien 1705 erstmals gedruckt im Personalia-Teil seiner Leichenpredigt in: *Conrad Gottfried Blanckenberg*: Das Leben der Glaubigen. [...] Frankfurt a. M. 1705, S. 22–33. Eine Bearbeitung davon wurde als 17. Historie im fünften Teil der Reitzschen *Historie Der Wiedergebohrnen* abgedruckt, vgl. *Reitz*: Historie der Wiedergebohrnen (wie Anm. 5), Bd. 2: Teile IV und V, Idstein 1716/1717, S. 307–342. – Franckes vermutlich zwischen 1690 und 1691 entstandener *Lebenslauff* zirkulierte auszugsweise als Abschrift schon zu dessen Lebzeiten, erschien aber erst postum gedruckt, vgl. *August Hermann Francke*: Lebensläufe, hg. von Markus Matthias, 2., überarb. Aufl., Leipzig 2016 (EPT, 9), S. 135–147, bes. 142–147 u. 173f. Auch die Lebensberichte von Johann Friedrich Rock (1678–1749) und Johann Konrad Dippel (1673–1734) erschienen in gedruckter Fassung erst nach deren Ableben, wenngleich handschriftliche Versionen ihrer Aufsätze bereits zu Lebzeiten der Autoren im Umlauf gewesen waren, vgl. *Johann Friedrich Rock*: Wie ihn Gott geführet und auf die Wege der Inspiration gebracht habe, hg. von Ulf-Michael Schneider, Leipzig 1999 (KTP, 1), S. 97.

15 Vgl. *Reitz*: Historie der Wiedergebohrnen (wie Anm. 5), Teil I. Vgl. auch *Schrader*: Selbstzeugnisse und Biographien (wie Anm. 2), S. 470.

ihren Schriften namentlich zu erwähnen, sich mit ihren Ideen kritisch auseinanderzusetzen und Stellung zu beziehen.[16] Es kann als Zugeständnis an damals herrschende Publikationsgewohnheiten verstanden werden, dass Johanna Eleonora Petersen ihre Autobiographie in der erweiterten Fassung von 1718 und 1719 als ergänzenden Teil zu der Lebensbeschreibung ihres Mannes präsentierte und ihre erste Publikation mit der *Kurtze[n] Erzehlung* von 1689 durch das Vorwort von Christian Kortholt vor Angriffen hatte schützen wollen.

Autobiographisches Schreiben vollzieht sich – in der Zeit des Pietismus und weit darüber hinaus – im Spannungsfeld zwischen dem Bewusstsein der eigenen Besonderheit und dem Erfordernis, das vor allem für Frauen verbindliche Tugendgebot nach Zurückhaltung und Selbstbescheidung einzuhalten. Sich selbst und eigene Lebenserfahrung in den Mittelpunkt der Betrachtungen zu stellen und zum eigentlichen Gegenstand des Schreibens zu machen und gleichzeitig bei einem potentiellen Publikum den Eindruck einer demütigen und bescheidenen Haltung erwecken zu wollen, sind Positionen, die sich in der Zeit um 1700 am

---

16 Während Arnold die Schriften Petersens zu denen „erleuchteter Frauens Personen" zählt (vgl. *Gottfried Arnold*: Historie und Beschreibung der Mystischen Theologie. Faksimile-Neudruck der Ausgabe Frankfurt 1703, Stuttgart-Bad Cannstatt 1969, S. 516), äußert sich Feustking in Auseinandersetzung mit Arnolds Beurteilung äußerst abwertend zu ihrer schriftstellerischen Arbeit (vgl. *Johann Heinrich Feustking*: Gynaeceum haeretico fanaticum oder Historie und Beschreibung der falschen Prophetinnen, Quäckerinnen, Schwärmerinnen und andern sectirischen und begeisterten Weibes=Personen. Nachdruck der Ausgabe Frankfurt und Leipzig, Zimmermann, 1704, München 1998 [Archiv für philosophie- und theologiegeschichtliche Frauenforschung, 7]). Feustking bezichtigt Petersen des Plagiats (ebd., S. 463), wirft ihr „hochmüthige Einbildung" vor (ebd., S. 467) und qualifiziert sie als Verführerin ab (ebd., S. 476).

ehesten im Rahmen religiösen Schreibens miteinander vereinbaren lassen.[17] Auch Johanna Eleonora Petersen motiviert und rechtfertigt ihre autobiographische Unternehmung nachdrücklich religiös. In einer breit angelegten Einleitung,[18] die, rhetorischen Prinzipien gehorchend, darauf angelegt ist, das Wohlwollen und das Interesse des Lesepublikums zu erlangen, unterbreitet sie die Gründe, die sie zur Niederschrift ihrer Autobiographie bewogen haben: In erster Linie soll Gottes Gnadenwirken, seine verborgene Leitung des menschlichen Geschicks, am Beispiel der eigenen Vita offengelegt werden. Auch spiegelt Petersen ihre Erfahrungen von Anfang an und teils explizit an der Leidensgeschichte Christi, wodurch sie als umso aufschreibenswerter erscheinen. Bereits im Titel und leitmotivisch durch den ganzen Lebensrückblick hindurch erscheint Petersen zudem darauf bedacht, Gott als die an ihr handelnde Macht darzustellen. Damit stilisiert sie sich zum Werkzeug Gottes, indirekt, indem sie Gott als grammatikalisches Subjekt der Aussage einbringt und sich selbst als Objekt, aber auch direkt, wenn sie beispielsweise von „des HErrn Krafft und sein[em] allmächtigen Wort“ spricht, das sie „von der vergänglichen Lust abgezogen“ habe.[19] Sie bedient sich damit eines im mystischen Diskurs geläufigen und in pietistischen Zeugnissen beliebten Topos, der ihr erlaubt, ihre gegenüber Gott demütige Haltung zum Ausdruck zu bringen. Zugleich lässt sich so das autobiographische Unterfangen insofern legitimieren, als die Verfasserin

---

17 Vgl. *Elke Ramm*: Autobiographische Schriften deutschsprachiger Autorinnen um 1800, Hildesheim 1998, S. 12; *Michaela Holdenried*: Autobiographie, Stuttgart 2000, S. 68.

18 Sie umfasst die drei ersten Paragraphen der Autobiographie sowie den Anfang des vierten Paragraphen.

19 *Petersen*: Leben, S. 13.

zu verstehen gibt, dass das selbstreflexive Schreiben im Grunde nichts anderes ist als ein lobendes Berichten und Zeugnis-Ablegen von Gottes Handeln.

In den eröffnenden Aussagen der Lebensbeschreibung zeichnet sich ein weiteres Anliegen ab, das Johanna Eleonora Petersen mit der Niederschrift ihrer Autobiographie verfolgt: das Anschreiben gegen „Lästerungen und Lügen" ihre Person und ihren Lebenswandel betreffend.[20] In einem apologetischen Gestus wendet sie sich an ein christliches und damit als wahrheitsliebend supponiertes Lesepublikum.[21] Vorerst ohne konkreten biographischen Bezug zeichnet Petersen ihren spirituellen Werdegang und die damit verbundenen Anfeindungen, denen sie seitens ihrer Umgebung ausgesetzt war, nach und entfaltet die Einsichten, zu denen die „Gnade GOttes" sie geführt hat.[22] Petersen stützt ihre Rechtfertigung gleich mehrfach ab. So lassen sich z. B. die zahlreichen Anleihen an den biblischen Wortlaut sowie die wörtliche Wiedergabe von Bibelversen nicht nur als Ausdruck umfassender und genauer Bibelkenntnis der Verfasserin verstehen, sondern auch als Teil einer auf Glaubwürdigkeit abzielenden Schreibstrategie. Die für den pietistischen Sprachgebrauch charakteristische Verschränkung der eigenen Sprech- und Schreibweise mit dem biblischen Wort, wie sie auch hier vorliegt, mag als Ausdruck von Bescheidenheit erscheinen, indem sich das Schreiber-Ich zurücknimmt und dem göttlichen Wort seine Stimme leiht. Gleichzeitig aber erweist sich eine derartige Verwischung der Grenzen zwischen den Sprecherinstanzen als Möglichkeit, selbst am Wort Gottes

---

20 Vgl. *Petersen*: Leben, S. 8.
21 Vgl. *Petersen*: Leben, S. 7.
22 Vgl. *Petersen*: Leben, S. 13–16.

teilzuhaben und dadurch auch die dem biblischen Schriftwort innewohnende Autorität und Wahrhaftigkeit für sich in Anspruch zu nehmen.[23]

Ähnlich verhält es sich, wenn die Verfasserin mit zur Bußfertigkeit anleitenden Aussagen auf Inhalte zu sprechen kommt, die entscheidende puritanisch-pietistische Überzeugungen reflektieren. Sie tut dies in sprachlichen Fügungen, die – teilweise mystisches Sprachgut neu belebend – zum festen Bestand des pietistischen Wortschatzes geworden sind[24] und die in Pietistenkreisen sich ausbildende Sondersprache charakterisieren:[25]

> Was ich aber in meinem Büchlein gesetzet, das zielet auf gantz andere Dinge, und redet von dem verdorbenen Grunde des Hertzens, den man einsehen muß so man Christum JEsum und sein heiliges Verdienst und die grosse Erlösung von den Sünden recht erkennen will. Denn wie will der, so den Zustand, darinnen der Mensch durch den Fall Adams gerathen, nicht weiß den Heyland erkennen? Oder wie kann er die Nothwendigkeit der theuren Erlösung glauben, wo er nicht die Noth gefühlet, darinnen wir gesteckt, ein jeglicher nach dem Maaß, als er Theil an CHristo hat oder als er nöthig hat zu seiner Selbst=Erkänntniß, und zur wahren Hertzens=Demuth, die aus der Selbst=Erkänntniß entstehet und gegründet wird.[26]

23 Vgl. *Ruth Albrecht*: Pietismus und Mystik. Verknüpfung von Bibellektüre und visionärem Erleben bei Johanna Eleonora Petersen, in: ‚Dir hat vor den Frauen nicht gegraut'. Mystikerinnen und Theologinnen in der Christentumsgeschichte, hg. von Mariano Delgado und Volker Leppin, Freiburg/Schweiz – Stuttgart, 2015 (Studien zur christlichen Religions- und Kulturgeschichte, 19) S. 196–216, hier 209f.

24 Vgl. *August Langen*: Der Wortschatz des deutschen Pietismus. 2., ergänzte Auflage, Tübingen 1968, S. 162–164 und 210–112.

25 Vgl. *Joachim Jacob*: Sprache, in: Pietismus Handbuch (wie Anm. 2), S. 475–479, bes. 475–477.

26 *Petersen*: Leben, S. 14.

Petersen stellt sich damit als eine in der damals verbreiteten erbaulichen Literatur bewanderte Autorin dar, die gedanklich und sprachlich mit Persönlichkeiten, die die pietistische Erneuerungsbewegung auf den Weg gebracht haben, in Einklang steht. Dazu muss sie allerdings die theologischen Divergenzen, wie sie etwa zu Spener bestanden haben, von dessen gemäßigtem Kurs sie sich schon in ihrer Frankfurter Zeit abgesetzt und mit ihrer Wendung zum Chiliasmus sowie ihrer Theoriebildung zur Apokatastasis zunehmend entfernt hatte,[27] gänzlich aussparen.

Ihre Glaubwürdigkeit betont Petersen auch, wenn sie sich auf noch lebende Zeugen beruft und angibt, diese hätten ihr Leben und ihren Wandel „von Jugend auf gesehen" und die ihr zuteil gewordene Gnade Gottes „gepriesen".[28] Später im Text werden einige Zeugen namentlich erwähnt, etwa wenn sie sich gegen die Behauptung, ihre Nichte sei ihr uneheliches Kind, zur Wehr setzt oder das Gerücht, wonach es bei ihrer Hochzeitsfeier nicht mit rechten Dingen zugegangen sei, widerlegt.[29]

Gleichsam als Inszenierung der eigenen Aufrichtigkeit lassen sich die in den Text eingefügten Gebetspassagen verstehen. Das Lesepublikum soll dadurch einen direkten Einblick in Petersens Verhältnis zu Gott gewinnen und zum Zeugen ihrer Frömmigkeit werden. Es handelt sich dabei um einen überzeugungstechnischen Kunstgriff, wie er in den Bekenntnissen des heiligen Augustinus traditionsstiftend vorgegeben ist.[30]

---

27 Vgl. *Albrecht*: Petersen (wie Anm. 1), S. 68f., 277f.; *Ruth Albrecht*: Johanna Eleonora Petersen (1644–1724), in: Pietismus Handbuch (wie Anm. 2), S. 114–121, bes. 119.

28 Vgl. *Petersen*: Leben, S. 13f.

29 Vgl. *Petersen*: Leben, S. 20 u. 62.

30 *Aurelius Augustinus*: Bekenntnisse, Stuttgart 1998. Vgl. auch *Günter Butzer*: Das meditative Selbstgespräch im Pietismus. Johanna Eleonora

Im Gegensatz zu den aus dem puritanischen England stammenden Kurzbiographien frommer Frauen, die, ins Deutsche übertragen, ab 1670 Verbreitung fanden,[31] ist Johanna Eleonoras Lebensbeschreibung nicht als Bekehrungsbericht angelegt. In diesen frühen Selbstzeugnissen wird nach rigidem Muster der Prozess einer durch eine tiefe Glaubenskrise ausgelösten spirituellen Umkehr weg von Sündhaftigkeit zu Gottgefälligkeit nachgezeichnet und die erreichte für die reformierte Erwählungslehre besonders wichtige Glaubensgewissheit bezeugt und stichhaltig belegt.[32] Petersens Darstellung unterscheidet sich auch von den späteren, in den neunziger Jahren des 17. Jahrhunderts in deutscher Sprache abgefassten religiösen Selbstzeugnissen

---

Petersens *Gespräche des Hertzens mit GOTT*, in: Daphnis, Zeitschrift für Mittlere Deutsche Literatur und Kultur der Frühen Neuzeit (1400–1750) 35, 3/4, 2006, S. 589–614, bes. 605–606, 612–614. Petersen wendet diese Strategie auch in der Vorrede zu ihrem 1691 erschienenen Erbauungsbuch *Glaubens=Gespräche Mit GOTT* an, indem sie das Vorwort als ein an Jesus gerichtetes Gebet gestaltet (vgl. *Petersen*: Glaubens=Gespräche Mit GOTT […]. Frankfurt und Leipzig: Michael Brodthagen, 1691). Zur Funktion des gebethaften Sprechens in Zusammenhang mit der Auslegung und Kommentierung von Bibelversen in Petersens Erbauungsbuch *Hertzengespräche mit Gott*, vgl. auch *Matthias*: ‚Enthusiastische' Hermeneutik (wie Anm. 1), S. 51–53.

31 Der reformierte Theologe Theodor Undereyck, einer der Wegbereiter des Pietismus, hat einige dieser frühen Bekenntnisschriften in seine erste 1670 in Hanau erschienene Schrift *Christi Braut, unter den Töchtern zu Laodicœa* aufgenommen. Vgl. *Veronika Albrecht-Birkner / Jan van de Kamp*: Theodor Undereyck (1635–1693), in: Pietismus Handbuch (wie Anm. 2), S. 96–101. Als Quelle dieser Selbstzeugnisse konnte Hans-Jürgen Schrader die Exempelsammlung von Vavasor Powell *SPIRITUAL EXPERIENCES Of sundry BELEVERS* nachweisen, die 1653 in London in zweiter Auflage erschienen war und aus der rund 30 Jahre nach Undereyck auch Johann Henrich Reitz für die Exempel 1 bis 32 des ersten Teils seiner *Historie der Wiedergebohrnen* schöpfte. Vgl. *Schrader*: Literaturproduktion (wie Anm. 2), S. 78–81 und 393 Anm. 39. *Reitz*: Historie der Wiedergebohrnen (wie Anm. 5), Bd. 1: Teile I–III (1698–1701), Tübingen 1982.

32 Vgl. *Markus Matthias*: Bekehrung und Wiedergeburt, in: GdP, Bd. 4, S. 49–79, bes. 53–58.

zeitgenössischer Verfasserinnen und Verfasser, die, von reformiert-puritanischer Frömmigkeit geprägt, die Introspektion als besonders aufwühlende und zu einem deutlichen Richtungswechsel in der bisherigen Gesinnung und Lebensführung Anlass gebende Erfahrung beschreiben. In derartigen Selbstzeugnissen wird eine von innerer Unruhe, seelischer Anfechtung und Glaubenszweifeln geprägte Phase erinnert, die sich erst durch eine als Gnadenerlebnis beschriebene Erfahrung überwinden lässt und die vom schreibenden Individuum als spiritueller Neuanfang markiert wird. Angaben zur äußeren Biographie treten dabei in den Hintergrund und finden höchstens beiläufig Erwähnung.[33]

Petersen richtet die in ihrer Autobiographie vermittelten Erinnerungen nicht primär auf ein bestimmtes, ihre geistliche Haltung und Frömmigkeit radikal veränderndes Ereignis aus, das, als direktes göttliches Eingreifen verstanden, den lebensgeschichtlichen Angelpunkt bildet, von dem aus sich die Vita in ein Vor- und Nachher gliedern ließe, wie das für die Machart von Bekehrungsberichten charakteristisch ist. Gleichwohl gestaltet sie mit der Begegnung zwischen ihr und den im Text nicht namentlich genannten „zwey rechten GOttes=Männern“,[34] gemeint sind Johann Jakob Schütz (1640–1690) und Philipp Jakob Spener, ein biographisches Schlüsselerlebnis, das sie durch die Schilderung, die ausführliche Kommentierung und durch zeitweiliges

33 Zu den Selbstzeugnissen, die in dieser Schreibtradition stehen, können beispielsweise die im ersten Teil (1691) der Reitzschen *Historie* enthaltenen Bekehrungsberichte, insbesondere die zwei letzten aus dem deutschen Sprachraum stammenden Exempel gezählt werden; vgl. *Reitz*: Historie der Wiedergebohrnen (wie Anm. 5), Teil 1, S. 161–180. Teilweise folgt auch August Hermann Franckes zwischen 1690 und 1691 niedergeschriebener *Lebenslauff* diesem Muster; vgl. *Francke*: Lebensläufe (wie Anm. 14), bes. S. 43–59.

34 *Petersen*: Leben, S. 41.

Durchbrechen der chronologischen Berichterstattung aus der Fülle des Erzählten heraushebt. Anders jedoch als in Bekehrungsberichten führt dieses Erlebnis nicht zu einem grundlegenden spirituellen Wandel. Vielmehr erscheint es als ein Geschehen, das die Verfasserin in ihrer bisherigen Frömmigkeit bestärkte, fortan noch konsequenter ihren religiösen Überzeugungen gemäß zu leben – auch um den Preis, sich in offene Opposition zu ihrer nächsten Umgebung zu stellen.[35] Und wenn Petersen in den einleitenden Worten zu ihrer Autobiographie mit Begriffen und Umschreibungen wie „Untersuchung, wie man sich vor Gott findet" oder „Anfechtung"[36] zwar Positionen aufruft, die einzelne Etappen auf dem Weg zu einer spirituellen Umkehr markieren, so bleibt doch festzuhalten, dass sie in ihrem Lebensrückblick weder eine zur Selbstanklage Anlass gebende Gewissenserforschung noch einen inneren Glaubens- oder Bußkampf beschreibt. Mit „Anfechtungen" oder an späterer Stelle etwa mit „Tück des Satans"[37] bezieht sie sich nicht auf durchlebte Gewissensnöte, sondern auf Verleumdungen und kritische Reaktionen seitens ihrer Umgebung angesichts ihrer kompromisslosen, mit den sozialen Normen in Konflikt geratenden frommen Lebensführung. Petersens Frömmigkeit erscheint durch keine Glaubenszweifel erschüttert, sondern durch steten Zuwachs an göttlicher Erkenntnis konsolidiert.[38] Wenn dann schließlich im zweiten Teil ihrer Autobiographie (1718) doch von einem „grossen Kampff"[39] die

35 Vgl. *Petersen*: Leben, S. 46–50.
36 *Petersen*: Leben, S. 11f.
37 *Petersen*: Leben, S. 24, 52 u. 62.
38 Vgl. *Günter Niggl:* Zur Säkularisierung der pietistischen Autobiographie im 18. Jahrhundert, in: Die Autobiographie. Zu Form und Geschichte einer literarischen Gattung, hg. von Günter Niggl, Darmstadt 1989, S. 367–391, hier 376.
39 Vgl. *Petersen*: Leben, S. 71–74.

Rede ist, den die Verfasserin schon in jungen Jahren durchzustehen hatte und durch den sie Einsicht in bisher nicht verstandene Bibelstellen gewann, sodass sie davon ausgehend ihre Vorstellung eines allversöhnenden Gottes entwickeln konnte, darf man darin den Versuch der Verfasserin sehen, eine in ihrem Lebensbericht bisher nicht ausgefüllte Leerstelle nachträglich puritanisch-pietistischer Konvention entsprechend zu füllen.

Ebenso wenig wie der Gattung des Bekehrungsberichts kann Johanna Eleonora Petersens Lebensbeschreibung jener des *Curriculum Vitae*, eines weiteren Schreibmusters, das potentiellen Autobiographinnen jener Zeit zugänglich war, zugerechnet werden. Petersens Text ist nicht als Lebenslauf konzipiert, d. h. nicht als ein nach damaliger Konvention erst anlässlich der eigenen Beerdigungsfeier vor versammelter Trauergemeinde zu eröffnender Text. In einem eigenhändig verfassten Lebenslauf meldet sich das Schreiber-Ich gleichsam von einem Standpunkt *post mortem* aus zu Wort und hält rückblickend vorwiegend familiengeschichtlich relevante Daten, Personenkonstellationen und Geschehnisse in relativ knapper Ausführung chronologisch fest und erstattet – wie in Lebensläufen pietistischer Ausprägung üblich – auch über die eigene spirituelle Entwicklung und christliche Lebensführung Bericht.

Petersen geht mit genauen Angaben von Namen und Daten äußerst sparsam um. Sie erwähnt zwar namentlich die Personen, an deren Hof und in deren Haushaltung sie sich aufgehalten hatte, nennt die Namen einiger als Gewährsleute aufgeführter Personen sowie vereinzelt Ortsnamen; die Namen von Mitgliedern ihrer Herkunftsfamilie, der ihres Ehemanns oder der beiden Söhne kommen hingegen nicht vor. Und während sie zwar Jahreszahlen zur Datierung von Träumen und spirituellen Einsichten angibt – dies ausschließlich im zweiten Teil ihrer Aufzeichnungen –, hält sie als einziges biographisches Datum den Tag ihrer Heirat fest. Das eigene Geburtsdatum kommt ebenso wenig vor wie die Geburts- und Sterbedaten ihrer Angehörigen, sodass ihrer Autobiographie der familienchronikale Charakter, der einen für die eigene Trauerfeier bestimmten Lebenslauf auszeichnet, völlig abgeht.

Die Lebensbeschreibung Johanna Eleonora Petersens stellt im Unterschied zu zahlreichen anderen Selbstzeugnissen der Zeit eine in sich geschlossene Autobiographie dar. Aus Kindheit, Jugend- und Erwachsenenalter teilt die Verfasserin eine Fülle von Erlebnissen mit und gestaltet sie zu einer Abfolge von Episoden, d. h. zu einer Sukzession von erzählerischen, in ihrem Umfang überschaubaren Einheiten, die, teilweise durch die Wiedergabe kurzer Gesprächssequenzen zu kleinen Szenen ausgebaut, chronologisch aufeinander abgestimmt und stellenweise kommentiert erscheinen.[40] Zeitlich umspannt die 1689 veröffentlichte Version der Autobiographie einen Lebensabschnitt von rund 40 Jahren, der vom vierten Lebensjahr der Verfasserin bis in ihre frühen Ehe- und Mutterjahre reicht. Im Zuge der Überarbeitung und Erweiterung ihrer Autobiographie zur vorliegenden, auf das Jahr 1718 zurückgehenden Fassung, fügt Johanna Eleonora Petersen nur noch vereinzelt Erlebnisberichte und szenische Darstellungen an, vielmehr tritt sie als die theologische Schriftstellerin hervor, als die sie sich in den zurückliegenden Jahren etabliert hat. Sie räumt der

40 Vgl. *Matías Martínez*: Episode, in: RLW, Bd. 1, hg. von Klaus Weimar, Berlin 2007, S. 471–473.

Wiedergabe von Trauminhalten und Einsichten theologischer Art, Bibelzitaten, Kommentaren und hermeneutischen Denkansätzen den größten Platz ein.[41] Dazu übernimmt sie teilweise wörtlich, teilweise sinngemäß Auszüge aus autobiographisch geprägten Vorreden zu früheren Publikationen.[42]

Mit der Gliederung insbesondere des ersten Teils der Autobiographie in mehrere relativ selbständige, in sich abgerundete, nur durch den autobiographischen Duktus zusammengeschlossene Episoden aktualisiert Johanna Eleonora Petersen ein auf Anschaulichkeit angelegtes Erzählmuster, bei dem die zentrale Figur (in der Autobiographie das erinnerte Ich) in einen Handlungsablauf eingebunden dargestellt wird und sich dem Leser hauptsächlich in ihrem Verhalten präsentiert. Dieses Beschreibmuster dominiert beispielgebend in den synoptischen Evangelien und in der Apostelgeschichte. Es liegt auch den Texten der christlichen Hagiographie zugrunde, die auf diesen biblischen Schriften aufbauen.[43] Die Episoden, in denen Petersen Geschehen aus verschiedenen Lebensaltern facettenartig beleuchtet, sind vorwiegend nach Szenarien gebaut, wie sie aus der *Passio Christi* und aus hagiographischen Vorlagen bekannt sind.[44] An eine Gna-

---

41 Vgl. auch *Albrecht*: Petersen (wie Anm. 1), S. 343f.

42 Vgl. *Petersen*: Leben, S. 78 Anm. 436 u. S. 90 Anm. 509; vgl. auch *Barbara Becker-Cantarino*: Pietismus und Autobiographie. Das „Leben" der Johanna Eleonora Petersen (1644–1724), in: „Der Buchstab tödt – der Geist macht lebendig". Festschrift zum 60. Geburtstag von Hans-Gert Roloff, Bd. II, hg. von James Hardin und Jörg Jungmayr, Bern – Berlin 1992, S. 917–936, hier 917.

43 Vgl. *Hellmut Rosenfeld*: Legende. 4., verbesserte und vermehrte Auflage, Stuttgart 1982, S. 31f.

44 Vgl. *Hans-Peter Ecker*: Die Legende. Kulturanthropologische Annäherung an eine literarische Gattung, Stuttgart 1993 (Germanistische Abhandlungen, 76), S. 131–137.

denvita lassen beispielsweise die ersten Episoden denken, in denen ein von inniger Gottesliebe erfülltes kleines Mädchen erinnert wird, wie es sich in Situationen des Nicht- oder Falsch-Verstehens von Aussagen und Reaktionen Erwachsener verhalten hat: Wenn es etwa dem Ammenmärchen, die neugeborenen Kinder würden aus dem Himmel geholt, Glauben schenkt und der Hebamme Grüße an den „HErrn JEsum" aufträgt[45] oder wenn es sich angesichts der weinenden Mutter – mit der Erklärung, die Mutter weine, weil eine Bekannte „eine Hure" geworden sei, sichtlich überfordert – in unschuldig frommer Besorgnis an Gott wendet und für sich um Bewahrung vor einem derartigen Schicksal bittet.[46] In solchen Darstellungen wird ein Topos bedient, der für eine ganze Kategorie von Heiligenlegenden charakteristisch ist, nämlich der des von früher Kindheit an in vertrautem Umgang mit Gott stehenden Heiligen.[47] Damit lässt die Verfasserin, nach dem Muster der frühen Christuslegenden, ihre spätere religiöse Haltung als bereits in der Kindheit vorgebildet erscheinen und veranschaulicht ihre Aussage, sie habe den göttlichen „Trieb seines guten Geistes von zarter Kindheit auf empfunden",[48] mit der sie ihre Kindheitserinnerungen einleitet.

Weitere Entsprechungen zu einer Gnadenvita, in der die Lebensgeschichte einer heiligen Person auf außergewöhnliches, göttliches Walten hin transparent gemacht und zum Lobpreis Gottes dichterisch gestaltet wird,[49] ergeben sich auch daraus, dass die Verfasserin in ihrer Autobiographie Ereignisse aus ihrem Leben

---

45 *Petersen*: Leben, S. 19.
46 Vgl. *Petersen*: Leben, S. 19.
47 Vgl. *Rosenfeld*: Legende (wie Anm. 43), S. 31f.
48 *Petersen*: Leben, S. 16.
49 Vgl. *Rosenfeld*: Legende (wie Anm. 43), S. 38.

auswählt und beschreibt, in denen sie Gottes Gnadenwirken besonders deutlich zu erkennen glaubt oder die sie gar als von Gott gewirkte Wunder versteht. Das geschieht beispielsweise in der ersten berichteten Episode, in der die Rede davon ist, wie sie infolge einer Gebetserhörung zusammen mit ihrer Mutter und den beiden Schwestern vor Kriegsgefahr verschont geblieben sei, oder wenn sie in einer weiteren Episode von ihrer schnellen Genesung nach einem Sturz über zwei Stockwerke erzählt. Die zum Teil szenisch gestaltete Episode, in der Johanna Eleonora Petersen von einer stürmischen Flussfahrt zwischen Frankfurt und Hanau berichtet, die sie als junge Frau erlebt hat, gerät zu einer Mirakelerzählung, indem die Verfasserin die Errettung aus der gefahrvollen Situation als direktes göttliches Eingreifen darstellt und sich dabei zum Sprachrohr Gottes stilisiert: „Da that mir GOtt meinen Mund auf".[50] Schließlich weist auch der Bericht über ihre frühen Ehejahre mit den Aussagen über die verheißene Schwangerschaft und erste schon im Mutterleib verspürte Regungen ihres Kindes[51] deutlich legendarische Züge auf. Mehrheitlich aber wird das erinnerte Ich gezeigt, wie es an einer Umgebung, die ihm verständnislos, abweisend oder gar feindlich begegnet, leidet, womit sich ein weiterer aus Märtyrerviten bekannter hagiographischer Topos abzeichnet. Aus Kindheit, Pubertät und jungem Erwachsenenalter teilt die Verfasserin vorrangig Begebenheiten mit, die als Mangelerfahrungen qualifiziert werden können. Ein Zuwenig an Schutz und wohlwollender Zuwendung klingt bereits in den ersten, zeitlich in die Nachwirren

50 Vgl. auch *Albrecht*: Petersen (wie Anm. 1), S. 341f. *Dies.*: Pietismus und Mystik (wie Anm. 23), bes. S. 196 u. 207.

51 Vgl. *Petersen*: Leben, S. 68.

des Dreißigjährigen Krieges fallenden Erinnerungen an und prägt die geschilderten Erlebnisse aus den ersten Jahren nach dem Tod der Mutter auf dem väterlichen Gut und später am Hof der Gräfin von Solms-Rödelheim.

Dabei gewährt die Verfasserin wiederholt Einblicke in die konkreten Lebensumstände, wie sie sich, über den Einzelfall hinaus, für eine aus altem Adelsgeschlecht stammende, früh zur mutterlosen Waise gewordene Tochter damals präsentiert haben dürften. So werden beispielsweise die begrenzten materiellen Lebensverhältnisse, wenn auch nicht explizit angesprochen, so doch schlaglichtartig beleuchtet, etwa durch den Hinweis, dass der Vater, als Hofmeister auf einem anderen Gut den Lebensunterhalt zu verdienen hatte. Ähnlich klingen Aussagen der Verfasserin über die verschiedenen Wirtschafterinnen, denen die Kinder nach dem Tod der Mutter und in Abwesenheit des Vaters überlassen waren und die, nach der Darstellung der Verfasserin zu schließen, weder zur Kinderbetreuung noch zu einer standesgemäßen Haushaltsführung taugten.[52] Wiederholt lenkt die Verfasserin den Blick dabei auf die Diskrepanz zwischen den standesgemäßen Repräsentationsansprüchen und den zu deren Erfüllung ungenügenden materiellen Mitteln, mit der adelige Familien wie die ihre konfrontiert waren.

Dieses Problem schlägt sich auch in ihren Ausführungen zum Thema Eheschließung nieder; so sind es letztlich die bescheidenen Vermögensverhältnisse, aus denen Johanna Eleonora stammte, die sich als ausschlaggebend dafür erweisen, dass ihr vom Stande her ebenbürtiger Verlobter von Bretewitz „anders Sinnes worden“ und mit Aussicht auf eine reichere Partie die

52 Vgl. *Petersen*: Leben, S. 21–23.

Verlobung mit ihr löste.[53] Und es ist der Umstand, dass ihr Vater „sehr auf sein alt Geschlecht sahe",[54] der eine Verbindung außerhalb ihres Standes für sie lange Zeit als undenkbar erscheinen lässt. So wurde denn auch die Heirat mit dem im Text nicht namentlich erwähnten Theologen Johann Winckler (1642–1705) schließlich durch das Veto des standesbewussten Vaters vereitelt, und dies, wie die Verfasserin ausdrücklich betont, obwohl die von Schütz und Spener geförderte Verbindung von ihrer fürstlichen Herrschaft, an die der Vater anfänglich die Entscheidungsgewalt übergeben hatte, gutgeheißen worden war.[55] Die Verfasserin gibt auch klar zu verstehen, dass anlässlich der Werbung ihres späteren Ehemannes Standesbedenken wiederum ein Thema waren, das zu familiären Auseinandersetzungen Anlass gegeben hatte.[56] Den Gesinnungswandel ihres Vaters führt sie schließlich auf göttliches Einwirken zurück, habe ihr Vater doch nicht gewusst, „wie er dem Willen GOttes wiederstreben solte".[57] Dabei mag der Umstand, dass die Werbung von einem akademisch gebildeten, in sicherer kirchlicher Stellung stehenden Mann ausging, die Überwindung der Standesschranken wesentlich erleichtert haben.[58] Auch liegt es nahe zu vermuten, dass der Vater seine mit 36 Jahren noch ledige Tochter, die ihm als Kinderwärterin für weitere Nachkommen nicht mehr und als Pflegerin für seine alten Tage noch nicht nützlich sein konnte, materiell versorgt wissen wollte und

53 Vgl. *Petersen*: Leben, S. 35.
54 *Petersen*: Leben, S. 39.
55 Vgl. *Petersen*: Leben, S. 40.
56 Vgl. *Petersen*: Leben, S. 61.
57 *Petersen*: Leben, S. 61.
58 Vgl. *Markus Matthias*: Johann Wilhelm und Johanna Eleonora Petersen. Eine Biographie bis zur Amtsenthebung im Jahre 1692, Göttingen 1993 (AGP, 30), S. 124f.

daher bereit war, bisher gehegte Standesbedenken hintanzustellen.[59]

Die zahlreichen Andeutungen und Schilderungen von Situationen, die sich auf die Erfahrung entbehrten Verständnisses, fehlender Anerkennung und des Verkannt-Seins beziehen, nehmen sich im Text geradezu leitmotivisch aus und verleihen der Autobiographie, insbesondere dem ersten Teil, streckenweise die Konturen einer der *Imitatio Christi* verpflichteten Leidensgeschichte. In diesem Sinn deutet auch Johanna Eleonora Petersen diese Erlebnisse, wenn sie sie aus der zeitlichen Distanz heraus als „heilsame Prüfungen"[60] neu bewertet und so sinnstiftend in die eigene Vita einfügt. Zugleich bietet sich ihr dadurch eine Gelegenheit, mit unliebsamen Zeitgenossen abzurechnen, indem sie deren kritische Stimmen und Reaktionen als durch den „Läster=Teuffel"[61] verursacht beurteilt, ihr eigenes Verhalten hingegen mit Berufung u. a. auf das Pauluswort aus 2Tim 3,12 außer Frage stellt und sich selbst als „gottseelig [...] in Christo Jesu [...]" Verfolgung leidende Gläubige[62] ausweist.

Es dürfte mit diesem der Lebensgeschichte zugrunde liegenden Selbstverständnis zusammenhängen, dass insbesondere im ersten Teil der Autobiographie freudvolle, aus einer harmonischen Beziehung zur Umwelt erwachsene Erfahrungen oder gar Glücksmomente, wie selten sie sich im Leben der Verfasserin auch eingestellt haben mochten, weitgehend ausgespart blei-

59 Vgl. auch *Wolfgang Breul*: Mesalliancen im Pietismus, in: „Der Herr wird seine Herrlichkeit an uns offenbahren". Liebe Ehe und Sexualität im Pietismus, hg. von Wolfgang Breul und Christian Soboth, Halle 2011 (HaFo, 30), S. 225–245, hier 227.

60 *Petersen*: Leben, S. 41.

61 Vgl. *Petersen*: Leben, S. 20 u. 62.

62 *Petersen*: Leben, S. 11.

ben. Zu den wenigen positiven, nicht auf einem Konfliktverhältnis zu Mitmenschen beruhenden Erfahrungen, von denen die Verfasserin berichtet, zählt die Begegnung mit Philipp Jakob Spener und Johann Jakob Schütz, die sie, in vager Anlehnung an das Bekehrungsschema, als ein den eigenen spirituellen Durchbruch beförderndes Ereignis in ihre Lebensgeschichte einbindet. Im Kontakt mit diesen beiden Männern dürfte ihr in einem bisher nicht gekannten Ausmaß Verständnis, Wohlwollen und Respekt zuteil geworden sein. In die gleiche Kategorie von Erfahrungen gehören auch die sechs Jahre des Zusammenlebens im gemeinsamen Haushalt mit der verwitweten Spener-Freundin Maria Juliana Baur von Eyseneck (1617–1673), mit der sich die Verfasserin laut eigener Aussage „als ein Hertz und eine Seele" verstanden habe.[63] Auffällig ist allerdings, wie knapp und summarisch dieser Lebensabschnitt in der Autobiographie gestaltet wird; immerhin handelt es sich um eine Zeit, in der die Verfasserin – befreit von höfischen ihrer Frömmigkeit zuwiderlaufenden Zwängen und im Verband mit Gleichgesinnten – ihren religiösen Überzeugungen entsprechend leben und wirken konnte.

Johanna Eleonora Petersen war in diesen Frankfurter Jahren als Erzieherin und Lehrerin von Töchtern befreundeter Familien tätig, die sich im Saalhof, in dem sie bei Baur von Eyseneck wohnte, zum Unterricht einfanden.[64] Auch spielte sie als Leiterin der im häuslichen Rahmen regelmäßig abgehaltenen erbaulichen Ver-

63 *Petersen*: Leben, S. 56.

64 Dazu gehörten neben ihrer Nichte und Patentochter Anna Elisabeth Eleonora von Praunheim die fast gleichaltrige Tochter Anna Maria Baur von Eysenecks sowie zwei Töchter Speners, vgl. *Albrecht*: Petersen (wie Anm. 1), S. 61f. sowie *Matthias*: Petersen (wie Anm. 58), S. 91f.

sammlungen eine aktive Rolle, die ihr über Frankfurt hinaus Anerkennung, allerdings auch Kritik einbrachte.[65] Durch ihr tendenziell separatistisches Wirken im Saalhof zog sie sich den Unmut der Frankfurter Behörden zu, die sie mit der Ausweisung aus der Stadt bedrohten; den gegen sie erhobenen Anklagen begegnete Petersen jedoch mit zu Erfolg führender Entschiedenheit.[66] In diese Zeit fallen regelmäßige Kontakte zu Spener und Schütz, aber auch Begegnungen mit nach Frankfurt gereisten Glaubensgenossen wie Johann Wilhelm Petersen, ihrem späteren Ehemann, oder dem Quäkerführer William Penn (1644–1718) und einigen seiner Gefolgsleute, die 1677 auf einer Deutschlandreise in der Mainstadt Halt machten und im Saalhof als Gäste erstmals willkommen geheißen wurden.[67] Von alledem bringt die Verfasserin in ihrer Autobiographie jedoch fast nichts zur Sprache. Die von Erfolg und Anerkennung geprägten Erfahrungen bleiben ausgespart, sodass das bisher entworfene Selbstbild einer an der Welt leidenden, in ihrer Frömmigkeit unverstandenen Außenseiterin in seiner Kohärenz gewahrt bleibt.

Ein weiteres Thema, das von der Verfasserin nur ganz am Rand und fast beiläufig angesprochen wird, betrifft ihren Bildungsweg. So erfährt der Leser zwar, dass Johanna Eleonora Petersen bereits im Alter von zehn Jahren vom Pastor zum Vorbereitungsunterricht auf das Abendmahl zugelassen wurde,[68] dass sie als junges

---

65 Vgl. *Matthias*: Petersen (wie Anm. 58), S. 89–93.

66 Vgl. *Albrecht*: Petersen (wie Anm. 1), S. 76. *Matthias*: Petersen (wie Anm. 58), S. 92f.

67 Vgl. *Matthias*: Petersen (wie Anm. 58), S. 94. Vgl. auch *Lucinda Martin*: Female Reformers as the Gatekeepers of Pietism: The Example of Johanna Eleonora Merlau and William Penn, in: Monatshefte für deutschsprachige Literatur und Kultur 95, 2003, S. 33–58, bes. 42–44.

68 *Petersen*: Leben, S. 23f.

Kammerfräulein auf der Wiesenburg „gerne lase und betete, und in die Kirche gieng, und offt die Predigt in allen Puncten wieder erzehlen kunte“ und dass sie fleißig die Bibel las,[69] womit sie sich, wie sie ausdrücklich betont, von Seiten ihrer Umgebung Vorwürfe eingehandelt habe.[70] Abgesehen aber von diesen ihre religiöse Ausbildung betreffenden Hinweisen vermittelt die Verfasserin keine direkten Informationen darüber, wie und in welchem Umfang sie in den Genuss von Bildung gekommen ist.

Es steht jedoch außer Frage, dass Petersen eine überdurchschnittlich gebildete und gelehrte Frau war und als solche wahrgenommen wurde. Davon zeugt ihre Aufnahme als Schriftstellerin in einige der Lexika jener Zeit, in denen sich Angaben zu gelehrten Frauen finden, ebenso wie ihre Mitgliedschaft in der Nürnberger Sprachgesellschaft Pegnesischer Blumenorden, die 1705 über ihren Ehemann zustande gekommen war.[71] Johanna Eleonora Petersen dürfte durchaus dem von Spener angeregten Bildungsideal, das auf die Lektüre der Heiligen Schrift in den Originalsprachen abzielt, um „den heiligen Geist in seiner eigenen sprache zu vernehmen“,[72] entsprochen haben. Neben einer profunden Kenntnis der Bibel konnte Johanna Eleonora Petersen genügend Griechisch, um im Saalhof den kleinen Kreis ihrer Schützlinge in dieser Sprache zu unterrichten.[73] Auch soll sie der hebräischen Spra-

69 *Petersen*: Leben, S. 32.

70 *Petersen*: Leben, S. 35 u. 50.

71 Vgl. *Albrecht*: Petersen (wie Anm. 1), S. 130–135.

72 Vgl. *Spener*: Das Geistliche Priestertum (wie Anm. 3), S. 605f.

73 Vgl. *Johannes Wallmann*: Der Pietismus. (Die Kirche in ihrer Geschichte, Bd. 4, Lfg. O 1), Göttingen 1990, S. O 85f. *Matthias*: Petersen (wie Anm. 58), S. 91f. *Philipp Jacob Spener*: Letzte Theologische Bedencken [...]. Teil 3. Halle1711, in: *Ders.*: Schriften, hg. von Erich Beyreuter, Bd. XV, 2, Hildesheim 1987, S. 182f. Vgl. auch *Albrecht*: Petersen (wie Anm. 1), S. 62–64.

che mächtig gewesen sein, wie Johann Wilhelm Petersen, nicht ohne ehemännlichen Stolz, in seiner Lebensbeschreibung ausdrücklich hervorhebt und im Nachruf auf seine inzwischen verstorbene Gattin nochmals anmerkt.[74] Sie selbst liefert nur ganz am Schluss ihrer Lebensbeschreibung mit einer aus dem Hebräischen abgeleiteten und auf den Heiligen Geist übertragenen weiblichen Genusbestimmung einen diskreten Hinweis, der auf Hebräischkenntnisse schließen lässt.[75]

Dass die eigene Bildungsbiographie von der Verfasserin geradezu stiefmütterlich behandelt wird, ist eine in Frauenselbstzeugnissen der Epoche häufig anzutreffende Erscheinung. Im Unterschied zu den von Männern verfassten Lebensberichten fallen in Selbstzeugnissen aus weiblicher Feder Anmerkungen zur erhaltenen Ausbildung, wenn überhaupt gegeben, oft nur äußerst knapp und auf die religiöse Unterweisung beschränkt aus, oder sie werden, wie im Fall der hochgebildeten Anna Maria van Schurman, als einer gottgefälligen Lebensführung hinderlich erklärt und abgewertet.[76] Das mag daran liegen, dass das Bil-

74 *J. W. Petersen*: Leben, 1717, S. 19: „[…] und zu ihr [Johanna Eleonora] ging, und sie meine neulich gehaltene Disputation überreichete, meynende, es würde derselben, die Hebräisch gelernt, und sonst in der Heil. Schrifft gute Erkänntnüss hatte, nicht unangenehm seyn." *J. W. Petersen*: Meiner theuren und gottseligen Ehe=Liebsten Fr. Johanna Eleonora PETERSEN / gebohrnen von und zu Merlau / Heimgang zu Christo Jesu […] / Leipzig / gedruckt bey Immanuel Tietzen [1724], [Francisceum 575, Folio, Sammlung von Leichenpredigten]; eine maschinengeschriebene Abschrift des in Zerbst sich befindenden Dokuments verdanke ich Ruth Albrecht. Vgl. auch *Albrecht*: Petersen (wie Anm. 1), S. 63f.

75 *Petersen*: Leben, S. 97.

76 *Reitz*: Historie der Wiedergebohrnen (wie Anm. 5), Bd. 3, Teil VI, S. 73. Ein vergleichbar negatives Urteil über die eigene Bildung äußert auch die im Halleschen Gynäceum tätig gewesene Juliana Patientia Schultt (1680–1701) in ihren an den Vater gerichteten und im Anhang zu ihrer Leichenpredigt publizierten Briefen, vgl. *August Hermann Francke*: Der

dungsprogramm für Mädchen deutlich eingeschränkter war als das für Knaben und Erfahrungsmöglichkeiten zu außerhäuslichen Studien oder Bildungsreisen nicht vorgesehen waren. Dass Petersen aber abgesehen von Hinweisen auf ihre religiöse Unterweisung keinerlei Angaben macht, wie, wo und in welchem Umfang sie sich Bildung hat aneignen können, lässt sich als Zugeständnis an damalige Konventionen verstehen, wonach sich Frauen nicht auf das Gebiet wissenschaftlich-theologischer Auseinandersetzungen zu wagen hatten, und kann den übrigen topischen Bescheidenheitsbezeugungen zugerechnet werden. Die Verfasserin versteht es aber durchaus, das insbesondere für Frauen geltende Gebot der Selbstbescheidung für sich zu nutzen. Denn mit dem Verschweigen des eigenen Bildungsweges stellt sie sich indirekt als bildungsmäßig in einem ursprünglichen Zustand Belassene dar, was sie durch die mehrfach eingesetzten Begriffe „Einfalt" bzw. „einfältig" zur Qualifizierung ihrer Haltung noch betont. Sie vermittelt so den Eindruck, dass sie ihre Erkenntnisse nicht in erster Linie aus lernbarem Schulwissen, sondern viel eher aus göttlich inspirierter Bibellektüre gewonnen hat. Damit aktualisiert sie indirekt die auf biblische Aussagen gründende, im Pietismus beliebte Vorstellung, dass Gott seinen Ratschluss den „Weisen und Klugen" verbirgt und sich vorzugsweise den „Unmündigen offenbart".[77]

Die Selbststilisierung zur Märtyrerin und Heiligen, wie sie insbesondere im ersten Teil der Autobiographie

---

Jungfrauen=Stand der Kinder Gottes [...], in: *Ders.*: Gedächtniß und Leichen=Predigten [...]. Halle: Waisenhaus, 1723, S. 50–86. Auszüge aus der Leichenpredigt auf Juliana Patientia Schultt sind im neunten Exempel des VI. Teils der Reitzschen *Historie Der Wiedergebohrnen* wiedergegeben, (wie Anm. 5), Bd. 3, S. 127–135.

77 Vgl. Mt 11,25 sowie Mt 21,16 und Ps 8,3.

zum Tragen kommt, wird um einen weiteren Aspekt ergänzt, bei dem die Verfasserin sich vor allem in die Rolle der Seherin und Prophetin projiziert. Ihre Disposition zu göttlich inspirierten Einsichten spricht sie, allerdings mit unterschiedlicher Gewichtung, in beiden Teilen der Autobiographie an. Von „göttliche[n] Träume[n]“ und davon, dass ihr das Wort Gottes „aufgeschloßen“ worden sei, ist zum ersten Mal im Zusammenhang mit ihrer unglücklichen Brautzeit auf der Wiesenburg die Rede.[78] Ein regelrechter Schub an göttlichen Einsichten folgt dann auf den Bericht über die Begegnung mit Schütz und Spener,[79] und ein erneuter expliziter Hinweis auf das von Gott bewirkte Schriftverständnis bildet den Abschluss des ersten Teils der Autobiographie.[80] Ein besonders deutliches Beispiel des eigenen prophetischen Selbstverständnisses der Verfasserin liegt bei der schon genannten, zeitlich in ihre Frankfurter Jahre fallenden Sturmepisode vor, in der sich die Schreiberin, erfüllt von einem göttlichen Traum, in der Rolle einer Prophetin darstellt.[81]

Es ist diese Selbststilisierung, die in der erweiterten Fassung der Autobiographie dominiert. Johanna Eleonora Petersen zeichnet in diesen Ausführungen nach, wie ihr schon zu ledigen Zeiten und dann in den Ehejahren durch Träume, spontane Eingebungen, Kontakte mit anderen religiös Interessierten und vor allem durch eine intensive und inspirierte Auseinandersetzung mit den Bibeltexten Schritt für Schritt Lösungen zu theologischen Streitfragen, wie der der Allwiederbringungs- und Allversöhnungslehre, der Bekehrung

78 *Petersen*: Leben, S. 34f.
79 *Petersen*: Leben, S. 45.
80 *Petersen*: Leben, S. 70.
81 Vgl. auch *Albrecht*: Petersen (wie Anm. 1), S. 341f. sowie *dies.*: Pietismus und Mystik (wie Anm. 23), bes. S. 207.

der Juden oder der Gottmenschheit Christi aufgegangen seien, und unterbreitet nochmals ihre wichtigsten theologischen Erkenntnisse, die sie in früheren Publikationen bereits dargelegt hat. Eine zentrale Bedeutung misst sie dem Studium der Offenbarung des Johannes zu.[82] Sie lässt die Auseinandersetzung mit diesem Buch geradezu zum Gnadenerlebnis werden, das sie mit den Worten „[mir] wurde [...] zu Muthe, als ob mein Hertz mit dem Lichte GOttes gantz durchdrungen worden"[83] umschreibt, und fasst ihre Lektüreerfahrung so in Termini, mit denen in der christlich mystischen Tradition die Vereinigung der Seele mit Gott ausgedrückt wird.[84]

Angaben zu den äußeren Lebensumständen aus ihrer zweiten Lebenshälfte, wie sie Johann Wilhelm Petersen in seiner Autobiographie breit ausführt, treten bei ihr in den Hintergrund. Weder kommen die zahlreichen Auseinandersetzungen und Konflikte, in die ihr Ehemann verwickelt war und die mit der Aufnahme der Visionärin Rosamunde Juliane von der Asseburg (1672–1708) in ihren Haushalt einen Höhepunkt erreicht und schließlich zur Amtsenthebung ihres Ehemannes geführt hatten, zur Sprache[85] noch findet der Wohnungswechsel von Eutin nach Lüneburg Erwähnung. Über die Entlassung ihres Ehemannes aus dem Kirchendienst sowie dem daran sich anschließenden Umzug auf das Gebiet des brandenburgischen Kurfürsten Friedrich III. (1657–1713) zuerst in die Nähe von Magdeburg auf ein Gut in Niederndodeleben und später in die Gegend von Zerbst auf das Gut Thymer,

82 Vgl. *Matthias*: Petersen (wie Anm. 58), S. 183–193.
83 *Petersen*: Leben, S. 80.
84 Vgl. *Langen*: Wortschatz (wie Anm. 24), S. 97f.
85 Vgl. hierzu Begeisterte Mägde. Träume, Visionen und Offenbarungen von Frauen des frühen Pietismus, hg. von Ruth Albrecht, Leipzig 2018

wo die Petersens zum Zeitpunkt der Abfassung ihrer Lebensbeschreibungen lebten, verliert sie kein Wort.[86]

Auch die Kontakte zu verschiedenen herausragenden Persönlichkeiten ihrer Zeit, so etwa die Begegnung mit dem Anführer der englischen Quäker William Penn, die Verbindung zu August Hermann Francke oder der Briefwechsel mit dem Mystiker Johann Georg Gichtel (1638–1710),[87] werden an keiner Stelle erwähnt.

Die Vermittlung von Daten sowie die Schilderung konkreter lebensgeschichtlicher Begebenheiten spielen nurmehr insofern eine Rolle, als sie in unmittelbarer Verbindung zu den theologischen Erkenntnissen der Verfasserin stehen. Die alternde Johanna Eleonora Petersen stellt sich rückblickend nicht länger als eine in bestimmte Lebensbedingungen eingebundene Frau dar, sondern richtet ihre Ausführungen auf spirituelle Erfahrungen aus, die sie in den Jahren nach ihrer Eheschließung als theologisch engagierte Schriftstellerin in ihren Publikationen verarbeitet hat.[88] Somit gestaltet sich der zweite Teil der Autobiographie als Rückblick auf ihr schriftstellerisches Schaffen. Mit dieser Akzentsetzung bringt sich die Verfasserin nurmehr auf ihre Stimme als Autorin konzentriert in den Text ein. Sie stützt so die von ihr verwendete Selbststilisierung zur „Nachtigal“ und bringt durch dieses in der Poesie tradierte Bild, das ihr nach eigenen Angaben

(EPT, 10), S. 34–86. Vgl. auch *Matthias*: Petersen (wie Anm. 58), S. 254–301.

86 Vgl. *Albrecht*: Petersen (wie Anm. 1), S. 94–120.

87 Vgl. *Albrecht*: Petersen (wie Anm. 1), S. 73f., 89, 107, 111 Anm. 478 sowie *dies.*: Zum Briefwechsel Johann Georg Gichtels mit Johanna Eleonora Petersen, in: Der radikale Pietismus. Perspektiven der Forschung, hg. von Wolfgang Breul, Marcus Meier und Lothar Vogel, Göttingen 2010 (AGP, 55), S. 327–359.

88 Vgl. auch *Albrecht*: Petersen (wie Anm. 1), S. 343f.

in einer Traumvision erschienen sei,[89] ihr eigenes dichterisches Selbstverständnis zum Ausdruck. Fast hundert Jahre später klingt in Goethes *Wahlverwandtschaften*[90] ein gleichsam säkularisiertes Echo auf Johanna Eleonora Petersens Streben nach vollkommener Einsicht in die göttlichen Geheimnisse und deren Verkündigung an, wenn der Dichter die liebende Ottilie in ihr Tagebuch schreiben lässt:

> Alles Vollkommene in seiner Art muß über seine Art hinausgehen, es muß etwas anderes Unvergleichbares werden. In manchen Tönen ist die Nachtigall noch Vogel; dann steigt sie über ihre Klasse hinüber und scheint jedem Gefiederten andeuten zu wollen, was eigentlich singen heiße.[91]

89 *Petersen*: Leben, S. 96.
90 Erstveröffentlichung im Jahr 1809.
91 *Johann Wolfgang Goethe*: Die Wahlverwandtschaften, Stuttgart 1996, S. 194f.

Quellen

Aurelius Augustinus:
Bekenntnisse, mit einer Einleitung von Kurt Flasch, übersetzt, mit Anmerkungen versehen und herausgegeben von Kurt Flasch und Burkhard Mojsisch, Stuttgart 1998.

Arndt, Johann:
Vier Bücher vom wahren Christentum (1610), Bd. 2, kritisch herausgegeben und kommentiert von Johann Anselm Steiger, Hildesheim – Zürich 2021.

Arnold, Gottfried:
Das Leben der Gläubigen Oder Beschreibung solcher Gottseligen Personen / Welche in denen letzten 200 Jahren sonderlich bekandt worden / […], Halle: Waisenhaus, 1701.

Arnold, Gottfried:
Historie und Beschreibung der Mystischen Theologie. Faksimile-Neudruck der Ausgabe Frankfurt 1703, Stuttgart-Bad Cannstatt 1969.

Asseburg, Rosamunde Juliane von der:
[Eigene Bezeugungen], in: Begeisterte Mägde. Träume, Visionen und Offenbarungen von Frauen des frühen Pietismus, hg. von Ruth Albrecht, Leipzig 2018 (EPT, 10), S. 34–86.

Bourignon, Antoinette:
Das LEBEN der Jungfrau Antoinette Bourignon, Theils durch Sie selbst / theils durch einen von ihren Bekandten [Pierre Poiret] geschrieben / und in die Wercklein / derer Tittel die folgende Blattseite sehen lässet / unterschieden. Zu Amsterdam / Bey Johan Riewerts / und Peter Arents / Buchhandlung in der Börsengasse, 1684.

Feustking, Johann Heinrich:
Gynaeceum haeretico fanaticum oder Historie und Beschreibung der falschen Prophetinnen, Quäckerinnen, Schwärmerinnen und andern sectirischen und begeisterten Weibes-Personen. Nachdruck der Ausgabe Frankfurt und Leipzig: Zimmermann, 1704, München 1998 (Archiv für philosophie- und theologiegeschichtliche Frauenforschung, 7).

Francke, August Hermann:
Lebensläufe, hg. von Markus Matthias, Leipzig 1999 (KPT, 2): 2., überarbeitete Auflage, Leipzig 2016 (EPT, 9).

Francke, August Hermann:
Einfältiger Unterricht / wie man die Heilige Schrift zu seiner wahren Erbauung lesen solle. [1694] Halle 1995 (Kleine Texte der Franckeschen Stiftungen, 2).
In Auszügen neu erschienen unter dem Titel:
August Hermann Francke: Eine erbauliche Lektüre der Heiligen Schrift wird begleitet von Gebet, Betrachtung und Anfechtung (1694), in: Pietismus. Eine Anthologie von Quellen des 17. und 18. Jahrhunderts, hg. von Veronika Albrecht-Birkner, Wolfgang Breul u. a., Leipzig 2017, S. 108–111.

Francke, August Hermann:
Der Jungfrauen=Stand der Kinder Gottes [...], in: Ders.: Gedächtniß und Leichen=Predigten [...]. Halle: Waisenhaus, 1723, S. 50–86.

Goethe, Johann Wolfgang:
Die Wahlverwandtschaften. Ein Roman, Stuttgart 1996.

Leade, Jane:
Sechs Unschätzbare Durch Göttliche Offenbarung und Befehl ans Liecht gebrachte Mystische Tractätlein [...] Allesamt beschrieben durch das theure Werckzeug JANE LEADE. Neben der Autorin Lebens=lauffe und einem kurtzen Nachberichte des Ubersetzers an den Leser. Gedruckt zu Amsterdam / im Jahr unsers Herrn und Heylands Jesu Christi 1696.

Petersen, Johanna Eleonora:
Gespräche des Hertzens mit GOTT / Erster Theil Auffgesetzet Von / JOHANNA ELEONORA PETERSEN, Gebohrne von und zu Merlau. PLOEN / Verlegts Siegfried Ripenau. Gedruckt durch Tobias Schmidt / 1689.
Gespräche des Hertzens mit GOTT / Ander Theil. Auffgesetzet Von JOHANNA ELEONORA PETERSEN, Gebohrne von und zu Merlau. PLOEN / Verlegts Siegfried Ripenau. Gedruckt durch Tobias Schmidt / 1689.
[Im Anhang:]
Eine kurtze Erzehlung / Wie mich die leitende Hand Gottes bißher geführet / und was sie bei meiner Seelen gethan hat [S. 235–295].

Petersen, Johanna Eleonora:
J. N. J. Hertzens=Gespräche Mit GOTT / Jn zwei Theile abgefasset / und Zu Aufmunterung anderer frommen Gott=liebenden Seelen ans Tage=Licht gestellet von JOHANNA ELEONORA PETERSEN / gebohrnen von und zu Merlau. Mit einer Vorrede Hn. Christian Kortholtens / der H. Schrifft Doctoris, und bey der Kielischen Universität Prof. Prim. Anietzo zum andernmal gedruckt und mit vielen schönen Kupfern gezieret. Franckfurth und Leipzig / Bey Johann Heinrichen / 1694.
[Im Anhang:]
Eine kurtze Erzehlung / Wie mich die leitende Hand Gottes bißher geführet / und was sie bey meiner Seelen gethan hat [S. 193–240].

Petersen, Johanna Eleonora:
Glaubensgespräche mit GOTT / Jn Drey unterschiedene Theile abgefasset / Also daß Der I. Theil / Das Werck des Glaubens in der Krafft / Der II. Theil / Das Zeugniß / die Macht und Herrlichkeit des Glaubens / Der III. Theil / Das Ende des Glaubens / welches ist der Seelen Seligkeit / vorstellet / Jn dieser letzten Glaublosen Zeit zur Auffmunterung und Erweckung des Glaubens auffgesetzt Von JOHANNA ELEONORA Petersen / Gebohrne von und zu Merlau. Franckf. und Leipzig / Bey Michael Brodthagen / im Jahr Christi 1691.

Petersen, Johanna Eleonora:
Einige Send=Schreiben / Betreffende die Nothwendigkeit Verschiedener bißher von den meisten Gelehrten in Verdacht gezogener Lehren / Sonderlich in diesen letzten Zeiten / da die Zubereitung zur Hochzeit des Lammes / Mit so größerem Eyfer und Fleiß geschehen soll / Auf einiger Freunde Begehren verfertiget. Von Johanna Eleonora Petersen gebohrne von und zu Merlaw. [o. O. 1714].

Petersen, Johann Wilhelm:
Das Leben JO. WILHELMI PETERSEN, Der Heil. Schrifft Doctoris, Vormahls Professoris zu Rostock, nachgehends Predigers in Hannover an St. Egidii Kirche, darnach des Bischoffs in Lübeck Superintendentis und Hof=Predigers, endlich Superintendentis in Lüneburg, Als Zeugnis der Warheit Christi und seines Reiches, nach seiner grossen Oeconomie in der Wiederbringung aller Dinge. Gedruckt zu Ende des Jahrs 1717. Auf Kosten guter Freunde [o. O.].

Petersen, Johann Wilhelm:
Lebensbeschreibung JOHANNIS WILHELMI PETERSEN, Der Heiligen Schrifft Doctoris, Vormahls Professoris zu Rostock, nachgehends Prediger in Hanover an Sankt Egidii Kirche, darnach des Bischoffs in Lübeck Superintendentis und Hof=Predigers, endlich Superintendentis in Lüneburg. Die zweyte Edition. Auffs neue mit Fleiß übersehen, von vielen Druckfehlern gesäubert, und mit einer neuen Vorrede vermehret. Auch am Ende dieser meiner Lebens=Beschreibung ein Catalogus aller meiner gedruckten und noch ungedruckten Schrifften angefüget. Auff Kosten eines wohlbekanten Freundes. [o. O] 1719.

Petersen, Johann Wilhelm:
Meiner theuren und gottseligen Ehe=Liebsten Fr. Johanna Eleonora PETERSEN / gebohrnen von und zu Merlau / Heimgang zu Christo Jesu […] / Leipzig / gedruckt bey Immanuel Tietzen, [1724], [Zerbst, Francisceum 575, Folio, Sammlung von Leichenpredigten].

Reitz, Johann Henrich:
Historie der Wiedergebohrnen. Vollständige Ausgabe der Erstdrucke aller sieben Teile der pietistischen Sammelbiographie, 1698–1745, 4 Bde., hg. von Hans-Jürgen Schrader, Tübingen 1982 (Deutsche Neudrucke, Reihe Barock, 29/1–4).

Rock, Johann Friedrich:
Wie ihn Gott geführet und auf die Wege der Inspiration gebracht habe. Autobiographische Schriften, hg. von Ulf-Michael Schneider, Leipzig 1999 (KPT, 1).

Scharschmidt, Anna Catharina:
„Mitgenossin des selbständigen Wesens Christi“. Texte und Briefe aus Quedlinburg, hg. von Ruth Albrecht und Katja Lißmann, Leipzig 2023 (EPT, 17).

Schurman, Anna Maria van:
ΕΥΚΛΗΡΙΑ oder die Erwählung des besten Theils. Eine Schrift, die zugleich einen kurzen Abriß ihres Lebens enthält [...], Dessau – Leipzig 1783.

Spener, Philipp Jakob:
Briefe aus der Frankfurter Zeit 1666–1686. Bd. 1: 1666–1674, hg. von Johannes Wallmann, Tübingen 1992.

Spener, Philipp Jacob:
Pia Desideria (1675), hg. von Kurt Aland, Berlin ²1955 (KlT, 170).

Spener, Philipp Jakob:
Pia Desideria [...]. Frankfurt 1680, Nachdruck: Philipp Jakob Spener: Schriften. Bd. I, hg. von Erich Beyreuter, eingeleitet von Erich Beyreuter und Dietrich Blaufuß, Hildesheim – New York 1979, S. 123–548.

Spener, Philipp Jakob:
Das Geistliche Priestertum [...]. Frankfurt 1677, Nachdruck: Philipp Jakob Spener: Schriften. Bd. I, hg. von Erich Bey-

reuter, eingeleitet von Erich Beyreuter und Dietrich Blaufuß, Hildesheim – New York 1979, S. 549–731.

Spener, Philipp Jakob:
Einfältige Erklärung Der Christlichen Lehr / Nach der Ordnung deß kleinen Catechismi deß theuren Manns GOttes Lutheri [...]. Frankfurt 1677, Nachdruck: Philipp Jakob Spener: Schriften. Bd. II.1, hg. von Erich Beyreuter, Hildesheim – New York 1982, S. [XXVII–XXXXIV].

Spener, Philipp Jakob:
Die vereinigung CHristi mit seiner Kirche und jeglicher glaubigen Seele: Auß den worten des Hocherleuchteten Apostels Pauli Eph. V. 32. / Das geheimnus ist groß / ich sage aber von CHristo und der Gemeine. Bey gelegenheit der Ehelichen Trauung Des [...] Herrn Joh. Wilhelm Petersen [...] Und Der Reichs=Frey / Hoch=Edelgebohrnen / Viel=Ehren= und Tugendreichsten Jungfrauen Johannä Eleonorä Von und Zu Merlau [...] (so geschehen zu Franckfurt am Mayn / den 7. Sept. 1680.) einfältig vorgetragen / und auff begehren zum truck befördert [...], Frankfurt: Johann David Zunner, [1680].
[Erneut erschienen unter dem Titel:]
Spener, Philipp Jakob: Die Vereinigung Christi mit seiner Kirche und jeglicher gläubigen Seele (Traupredigt für das Ehepaar Johann Wilhelm und Johanna Eleonora Petersen, geb. von Merlau), in: Geschlechtlichkeit und Ehe im Pietismus, hg. von Wolfgang Breul und Stefania Salvadori, Leipzig 2014 (EPT, 5), S. 7–42.

Spener, Philipp Jakob:
Letzte Theologische Bedencken [...]. Teil 3. Halle 1711, Nachdruck: Philipp Jakob Spener: Schriften, XV.2, hg. von Erich Beyreuther, Hildesheim u. a. 1987.

Spener, Philipp Jakob:
D. Philipp Jacob Speners Lehrreiche Zuschrift an seine Frau Tochter, Von den nöthigen Pflichten Einer ieden, sonderlich aber einer Priester=Frau [...]. [1689], in: Philipp Jakob Spener: Kleine Geistliche Schriften, hg. von Johann Adam Stein-

metz, Magdeburg und Leipzig 1735, Nachdruck: Philipp Jakob Spener: Schriften, Bd. IX.1.2, hg. von Erich Beyreuter, Hildesheim u. a. 2000, S. 1235–1246.

Spener, Philipp Jakob:
[Personalia], in: Conrad Gottfried Blanckenberg: Das Leben der Glaubigen [...] Leichen=Predigt [...]. Frankfurt: Johann David Zunners Erben, Johannes Wust, 1705, S. 22–33.

Unschuldige Nachrichten von Alten und Neuen Theologischen Sachen [...], hg. von Valentin Ernst Löscher, Leipzig: Johann Friedrich Braun, Jakob Harpeter 1718.

Zwischen Bekehrungseifer und Philosemitismus. Texte zur Stellung des Pietismus zum Judentum, hg. von Peter Vogt, Leipzig 2007 (KTP, 11).

Literatur

Albrecht, Ruth: Frauen, in: Geschichte des Pietismus, Bd. 4, hg. von Hartmut Lehmann, Göttingen 2004, S. 522– 555.

Albrecht, Ruth: Johanna Eleonora Petersen. Theologische Schriftstellerin des frühen Pietismus. Göttingen 2005 (AGP, 45).

Albrecht, Ruth: Zum Briefwechsel Johann Georg Gichtels mit Johanna Eleonora Petersen, in: Der radikale Pietismus. Perspektiven der Forschung, hg. von Wolfgang Breul, Marcus Meier und Lothar Vogel, Göttingen 2010 (AGP, 55), S. 327–359.

Albrecht, Ruth: Pietismus und Mystik. Verknüpfung von Bibellektüre und visionärem Erleben bei Johanna Eleonora Petersen, in: ‚Dir hat vor den Frauen nicht gegraut'. Mystikerinnen und Theologinnen in der Christentumsgeschichte, hg. von Mariano Delgado und Volker Leppin, Freiburg/Schweiz – Stuttgart 2015 (Studien zur christlichen Religions- und Kulturgeschichte, 19), S. 196–216.

Albrecht, Ruth: Johanna Eleonora Petersen (1644–1724), in: Pietismus Handbuch, hg. von Wolfgang Breul in Zusammenarbeit mit Thomas Hahn-Bruckart, Tübingen 2021, S. 114–121.

Albrecht, Ruth: Pietistische Frömmigkeit und Theologie mit radikalen Tendenzen: Das Ehepaar Johanna Eleonora und Johann Wilhelm Petersen, in: Eutin im Barock. Kunst und Kultur am fürstbischöflichen Hof des 17. Jahrhunderts, hg. von Oliver Auge und Anke Scharrenberg, Kiel – Hamburg 2021, S. 257–284.

Albrecht-Birkner, Veronika / Kamp, Jan van de: Theodor Undereyck (1635–1693), in: Pietismus Handbuch, hg. von Wolfgang Breul in Zusammenarbeit mit Thomas Hahn-Bruckart, Tübingen 2021, S. 96–101.

Baar, Mirjam de: Internationale und interkonfessionelle Netzwerke. Zur frühen lutherisch pietistischen Rezeption von Anna Maria van Schurman und Antinette Bourignon, in:

Gendering Tradition. Erinnerungskultur und Geschlecht im Pietismus, hg. von Ulrike Gleixner und Erika Hebeisen, redaktionell bearbeitet von Hans Bergmann, Korb 2007 (Perspektiven in der Kultur, Wissen, Geschlecht, 1), S. 85–105.

Becker-Cantarino, Barbara: Pietismus und Autobiographie. Das „Leben" der Johanna Eleonora Petersen (1644–1724), in: „Der Buchstab tödt – der Geist macht lebendig". Festschrift zum 60. Geburtstag von Hans-Gert Roloff, Bd. II, hg. von James Hardin und Jörg Jungmayr, Bern – Berlin 1992, S. 917–935.

Becker-Cantarino, Barbara: „Erwählung des bessern Teils": Zur Problematik von Selbstbild und Fremdbild in Anna Maria van Schurmans „Eukleria" (1673), in: Autobiographien von Frauen, hg. von Magdalene Heuser, Tübingen 1996, S. 24–48.

Bellucci, Elisa: Johann Wilhelm and Johanna Eleonora Petersen's Eschatology in Context, Göttingen 2022 (BERG, 9).

Breul, Wolfgang: Mesalliancen im Pietismus. in: „Der Herr wird seine Herrlichkeit an uns offenbahren". Liebe, Ehe und Sexualität im Pietismus, hg. von Wolfgang Breul und Christian Soboth, Halle 2011 (HaFo, 30), S. 225–245.

Breul, Wolfgang: Nonkonformismus, in: Pietismus Handbuch, hg. von Wolfgang Breul in Zusammenarbeit mit Thomas Hahn-Bruckart, Tübingen 2021, S. 487–494.

Brückner, Shirley: Die Providenz im Zettelkasten. Divinatorische Lospraktiken in der pietistischen Frömmigkeit, in: Geschichtsbewusstsein und Zukunftserwartung in Pietismus und Erweckungsbewegung, hg. von Wolfgang Breul und Jan Carsten Schnurr, Göttingen 2013 (AGP, 59).

Butzer, Günter: Das meditative Selbstgespräch im Pietismus. Johanna Eleonora Petersens Gespräche des Hertzens mit GOTT, in: Daphnis, Zeitschrift für Mittlere Deutsche Literatur und Kultur der Frühen Neuzeit (1400–1750) 35, 3/4, 2006, S. 589–614.

Deppermann, Andreas: Johann Jakob Schütz und die Anfänge des Pietismus. Tübingen 2002 (Beiträge zur historischen Theologie, 119).

Ecker, Hans-Peter: Die Legende. Kulturanthropologische Annäherung an eine literarische Gattung, Stuttgart 1993 (Germanistische Abhandlungen, 76).

Geschichte des Pietismus, Bd. 1: Der Pietismus vom siebzehnten bis zum frühen achtzehnten Jahrhundert, hg. von Martin Brecht, Göttingen 1993.
Bd. 4: Glaubenswelt und Lebenswelten, hg. von Hartmut Lehmann, Göttingen 2004.

Geyer-Kordesch, Johanna: Pietismus, Medizin und Aufklärung in Preußen im 18. Jahrhundert. Das Leben und Werk Georg Ernst Stahls, Tübingen 2000 (Hallesche Beiträge zur Europäischen Aufklärung, 13).

Gierl, Martin: Kontroversen und Kritik, in: Pietismus Handbuch, hg. von Wolfgang Breul in Zusammenarbeit mit Thomas Hahn-Bruckart, Tübingen 2021, S. 494–502.

Gleixner, Ulrike: Einklang oder Dissonanz. Adel und Pietismus in geschlechtergeschichtlicher Perspektive, in: Pietismus und Adel. Genderhistorische Analysen, hg. von Ruth Albrecht, Ulrike Gleixner, Corinna Kirschstein u. a., Halle 2018 (HaFo, 49), S. 3–22.

Gleixner, Ulrike: Zwischen göttlicher und weltlicher Ordnung. Die Ehe im lutherischen Pietismus, in: PuN 28, 2002, S. 147–184.

Hahn-Bruckart, Thomas: Bibel, in: Pietismus Handbuch, hg. von Wolfgang Breul in Zusammenarbeit mit Thomas Hahn-Bruckart, Tübingen 2021, S. 420–427.

Heinz-Mohr, Gerd: Lexikon der Symbole. Bilder und Zeichen der christlichen Kunst, Köln 1971.

Holdenried, Michaela: Autobiographie, Stuttgart 2000.

Illg, Thomas: Pietismus und Johann Arndt, in: Pietismus Handbuch, hg. von Wolfgang Breul in Zusammenarbeit mit Thomas Hahn-Bruckart, Tübingen 2021, S. 55–64.

Jacob, Joachim: Sprache, in: Pietismus Handbuch, hg. von Wolfgang Breul, in Zusammenarbeit mit Thomas Hahn-Bruckart, Tübingen 2021, S. 475–479.

Körner, Hans: Frankfurter Patrizier. Historisch-Genealogisches Handbuch der Adeligen Ganerbschaft des Hauses Alten-Limpurg zu Frankfurt am Main, München 1971.

Krauter-Dierolf, Heike: Die Eschatologie Philipp Jakob Speners. Der Streit mit der lutherischen Orthodoxie um die

„Hoffnung besserer Zeiten“, Tübingen 2005 (Beiträge zur Historischen Theologie, 131).

Lancel, Serge: Saint Augustin, Paris 1999.

Langen, August: Der Wortschatz des deutschen Pietismus. 2., ergänzte Aufl., Tübingen 1968.

Lexikon der Aufklärung, hg. von Werner Schneiders, München 1995.

Martin, Lucinda: Female Reformers as the Gatekeepers of Pietism: The Example of Johanna Eleonora Merlau and William Penn, in: Monatshefte für deutschsprachige Literatur und Kultur 95, 2003, S. 33–58.

Martínez, Matías: Episode, in: Reallexikon der deutschen Literaturwissenschaft, Bd. 1, hg. von Klaus Weimar, Berlin 2007, S. 471–473.

Matthias, Markus: ‚Enthusiastische‘ Hermeneutik des Pietismus, dargestellt an Johanna Eleonora Petersens „Gespräche des Hertzens mit GOtt“ (1689), in: PuN 17, 1991, S. 36–61.

Matthias, Markus: Johann Wilhelm und Johanna Eleonora Petersen. Eine Biographie bis zur Amtsenthebung Petersens im Jahre 1692. Göttingen 1993 (AGP, 30).

Matthias, Markus: Mutua Consolatio Sororum. Die Briefe Johanna Eleonora von Merlaus an die Herzogin Sophie Elisabeth von Sachsen-Zeitz, in: PuN 22, 1996, S. 69–102.

Matthias, Markus: Bekehrung und Wiedergeburt, in: Geschichte des Pietismus, Bd. 4, S. 49–79.

Matthias, Markus: „Preußisches“ Beamtentum mit radikalpietistischer „Privatreligion“: Dodo II von Innhausen und Knyphausen (1641–1698), in: Der radikale Pietismus. Perspektiven der Forschung, hg. von Wolfgang Breul, Marcus Meier und Lothar Vogel, Göttingen 2010 (AGP, 55), S. 189–209.

Matthias, Markus: Das Ehepaar Petersen und die theologische Aufklärung, in: Erinnern, was vergessen ist. Beiträge zur Kirchen-, Frömmigkeits- und Gendergeschichte: Festschrift für Ruth Albrecht, hg. von Rainer Hering und Manfred Jakubowski-Tiessen, Husum 2020 (Schriften des Vereins für Schleswig-Holsteinische Kirchengeschichte, 64), S. 83–98.

Niggl, Günter: Zur Säkularisierung der pietistischen Autobiographie im 18. Jahrhundert, in: Die Autobiographie. Zu Form und Geschichte einer literarischen Gattung, hg. von Günter Niggl, Darmstadt 1989, S. 367–391.

Nola, Alfonso di: Der Teufel. Wesen, Wirkung, Geschichte, 3. Aufl., München 1997.

Ottmers, Clemens: Rhetorik, 2., aktualisierte und erweiterte Aufl., überarbeitet von Fabian Klotz, Stuttgart – Weimar 2007.

Pietismus Handbuch, hg. von Wolfgang Breul in Zusammenarbeit mit Thomas Hahn-Bruckart, Tübingen 2021.

Ramm, Elke: Autobiographische Schriften deutschsprachiger Autorinnen um 1800, Hildesheim 1998.

Rosenfeld, Hellmut: Legende. 4., verbesserte und vermehrte Aufl., Stuttgart 1982.

Schmidt, Martin: Teilhabe an der göttlichen Natur. 2Petr 1,4 in der theologischen Exegese des Pietismus und der lutherischen Orthodoxie, in: Ders.: Wiedergeburt und neuer Mensch. Gesammelte Studien zur Geschichte des Pietismus (AGP, 2), Witten 1969.

Schmitt, Christian: Einfaches Leben, in: Handbuch der Idylle. Verfahren – Traditionen – Theorien, hg. von Jan Gerstner, Jakob C. Heller und Christian Schmitt, Berlin 2022, S. 379–382.

Schneider, Hans: Der radikale Pietismus im 17. Jahrhundert, in: Geschichte des Pietismus, Bd. 1: Der Pietismus vom siebzehnten bis zum frühen achtzehnten Jahrhundert, hg. von Martin Brecht, Göttingen 1993, S. 391–437.

Schrader, Hans-Jürgen: Nachwort zum Neudruck von: Johann Henrich Reitz: Historie der Wiedergebohrnen. Vollständige Ausgabe der Erstdrucke aller sieben Teile der pietistischen Sammelbiographie, 1698–1745, mit einem werkgeschichtlichen Anhang der Varianten und Ergänzungen aus den späteren Auflagen, hg. von Hans-Jürgen Schrader, 4 Bde. (Deutsche Neudrucke/Reihe Barock, 29, 1–4), Tübingen 1982, Bd. 4, S. 125*–203*.

Schrader, Hans-Jürgen: Literaturproduktion und Büchermarkt des radikalen Pietismus. Johann Henrich Reitz' „Historie Der Wiedergebohrnen" und ihr geschichtlicher Kontext, Göttingen 1989 (Palaestra, 283).

Schrader, Hans-Jürgen: Literatur und Sprache des Pietismus. Ausgewählte Studien, hg. von Markus Matthias und Ulf-Michael Schneider, Göttingen 2019 (AGP, 63).

Schrader, Hans-Jürgen: Selbstzeugnisse und Biographien, in: Pietismus Handbuch, hg. von Wolfgang Breul, in Zusammenarbeit mit Thomas Hahn-Bruckart, Tübingen 2021, S. 468–474.

Taege-Bizer, Jutta: Weibsbilder im Pietismus, in: Frauen Gestalten Geschichte. Im Spannungsfeld zwischen Religion und Geschlecht, hg. von Leonore Siegele-Wenschkewitz, Gury Schneider-Ludorff, Beate Hämel u. a. Hannover 1998, S. 109–136.

Tietz, Claudia: Johann Jakob Winckler (1642–1705). Anfänge eines lutherischen Pietisten, Göttingen 2008 (AGP, 50).

Völker, Ludwig: Einleitung zu: „Komm, heilige Melancholie“. Eine Anthologie deutscher Melancholie-Gedichte, hg. von Ludwig Völker, Stuttgart 1984, S. 15–43.

Wallmann, Johannes: Der Pietismus. (Die Kirche in ihrer Geschichte, Bd. 4, Lfg. O 1), Göttingen 1990, S. O 85f.

Abkürzungen:

AGP	Arbeiten zur Geschichte des Pietismus
BERG	Beiträge zur Europäischen Religionsgeschichte
DWB	Deutsches Wörterbuch von Jacob und Wilhelm Grimm, Bd. 1–33, München 1984
EPT	Edition Pietismustexte
GdP	Geschichte des Pietismus, Bd. 1–4, Göttingen 1993–2004
HaFo	Hallesche Forschungen
HWDA	Handwörterbuch des deutschen Aberglaubens, Bd. 1–10, Berlin 1927–1942
KTP	Kleine Texte des Pietismus
LMA	Lexikon des Mittelalters, Bd. 1–9, München 1977–1998
PuN	Pietismus und Neuzeit. Ein Jahrbuch zur Geschichte neueren Protestantismus, Bd. 1, 1974ff, Bielefeld, später Göttingen

RLW[2]	Reallexikon der deutschen Literaturwissenschaft. Neubearbeitung, Bd. 1–3, Weimar – Berlin 2007
RGG[4]	Die Religion in Geschichte und Gegenwart, 4. Auflage, Bd. 1–8, Tübingen 1998–2007
TRE	Theologische Realenzyklopädie, Bd. 1–36, Berlin 1977–2004

Personen und Orte

Bibelstellen

Anna Catharina Scharschmidt

»Mitgenoßin des selbständigen Wesens Christi«

Texte und Briefe aus Quedlinburg

Herausgegeben von Ruth Albrecht und Katja Lißmann

Edition Pietismustexte (EPT) | 17

246 Seiten | Paperback |12 x 19 cm
ISBN 978-3-374-07454-9
EUR 24,00 [D]
eISBN (PDF) 978-3-374-07455-6
EUR 23, 99 [D]

An der pietistischen Bewegung um 1700 beteiligten sich auffallend viele Frauen, unter ihnen auch die bisher wenig beachtete theologische Schriftstellerin Anna Catharina Scharschmidt aus Quedlinburg (1646–1730). Sie gehörte zum Kern der pietistischen Gruppierung der Stadt, die um die Jahrhundertwende in überregionalen Netzwerken präsent war. Ihre drei in den Jahren 1702 bis 1704 herausgegebenen Bücher sind in diesem Kontext entstanden. Im Mittelpunkt der vorliegenden Edition steht ihr Werk »Einfältiges Zeugniß Von dem Wahren Dienste des Geistes im Neuen Bunde« von 1703. Darin entfaltet die Autorin eine eigenständige, am Neuen Testament orientierte Auffassung des christlichen Glaubens als einer von Liebe geprägten Geisteshaltung.

EVANGELISCHE VERLAGSANSTALT
Leipzig www.eva-leipzig.de

Tel +49 (0) 341/ 7 11 41 44 shop@eva-leipzig.de